Franz X. Bogner

Der Regen

Ein Luftbildporträt
vom Arber bis Regensburg

Verlag Friedrich Pustet Regensburg

Motive auf der Einbandvorderseite: Arbergipfel, Regen zwischen Cham und Roding (große Abb.) – Neukirchen b. Hl. Blut, Burg Weißenstein, Cham, Mittellauf des Regen, Regensburg (kleine Abb.)
Motiv auf der Rückseite: Schönau bei Viechtach

Text und Fotos: Franz X. Bogner
Karte am Ende des Buches: Stefan Krabichler, Dipl.-Ing. der Kartografie (FH), Schernfeld

Bibliografische Information der Deutschen Nationalbibliothek
Die Deutsche Nationalbibliothek verzeichnet diese Publikation in der Deutschen Nationalbibliografie; detaillierte bibliografische Daten sind im Internet über http://dnb.d-nb.de abrufbar.

ISBN 978-3-7917-2054-8
© 2007 by Verlag Friedrich Pustet, Regensburg
Einbandgestaltung: Heike Jörss, Regensburg
Buchgestaltung: Der Buch*macher*, Arthur Lenner, München
Gesamtherstellung: Friedrich Pustet, Regensburg
Printed in Germany 2007

Inhalt

Große, über zahllose Jahre von der Strömung abgerundete Steine im Unterlauf des Regenflussbetts. Manche machen gar den Eindruck eines untergetauchten Flusspferdes.

Vorwort

Das Oberpfälzer Quintett ist komplett: Nach den Luftbildbänden über die Schwarze Laber, die Vils (und Lauterach), das Urdonautal der Altmühl sowie die Naab liegt nun der Regen vor; er schließt den Großen und Kleinen Regen, den Schwarzen und Weißen Regen ein. Damit ist ein großer Teil der rund 10 000 Flusskilometer der Oberpfalz in fünf Luftbildbänden dokumentiert und in seiner Bedeutung gewürdigt. Der vorliegende Luftbildband folgt der inzwischen bewährten „Kultur & Natur"-Konzeption, die sich sowohl der Siedlungs- und Kulturgeschichte als auch der Natur und ihres Schutzes annimmt. Natürlich werden die wichtigsten Orte entlang des Regens in Wort und Bild charakterisiert, eingeschlossen die Chamb sowie die Further Senke. Es werden aber auch Probleme des Hochwassers und des Umgangs mit der Natur thematisiert. Wesentliches Medium ist dabei immer das Luftbild, das ja einem wesentlichen menschlichen Bedürfnis entgegenkommt, nämlich sich einen Überblick verschaffen zu wollen. Der vorliegende Bildband zeigt den Regen und seine Quellflüsse aus der Vogelperspektive, befasst sich mit den meisten Orten entlang des Flusslaufs und setzt sich mit den historischen und geologischen Besonderheiten des Flusseinzugsgebiets auseinander. Luftbilder können einen Fluss aus einer ungewohnten Sicht porträtieren und damit für ein ansonsten vielleicht schon wohlbekanntes Tal einen anderen Zugang und eine andere Sensibilisierung schaffen. Gerade Flüssen haben wir viel zu verdanken, Flüsse, Landschaft und Kultur sind eng miteinander verbunden. Flüsse schufen mit ihren Tälern Landschaften, die meist eine ertragreiche Landwirtschaft erlaubten, die ihrerseits Kulturleistungen jedweder Art finanzierten. Natur und Kultur hängen also stark voneinander ab und doch ging (geht) unsere Gesellschaft mit der Natur nicht immer sorgfältig um. Heute müssen wir immer öfter eingestehen, dass Natur und Kultur, Ökologie und Ökonomie einer ausbalancierten Beziehung bedürfen, soll es auch in ein paar Jahrhunderten beide noch geben. Flüsse wie der Regen erinnern uns immer wieder mit Hochwassern an ihr eigentliches Eigentumsrecht des Talraums. Ein konstruktives Verstehen sowohl der Natur als auch der Kultur verlangt nach einem komplexen Verständnis, das sich nicht in bloßem Detailwissen verlieren darf. Eine Luftbildreise kann diesen Konflikt nicht lösen, aber durchaus zu einem besseren Verständnis beitragen.

Alle meine bisherigen Luftbildbände zu Flüssen der Oberpfalz sind auch sehr persönliche Bücher. Nicht nur weil ich in der Oberpfalz aufgewachsen bin und die Flüsse schon lange kenne und schätze. Die Oberpfalz wurde im Laufe der Jahrzehnte für mich auch immer wichtiger, sie bedeutete immer mehr ein Heimkommen, wenn ich von den häufigen beruflichen Reisen oder gar Berufsjahren im Ausland zurückkam. Die Oberpfalz ist eine Perle der Kultur und Natur, die von Oberpfälzern selbst nicht immer so geschätzt wird. Der bedeutungsvolle Satz von Johann Baptist Laßleben (1864-1928) vor weniger als 100 Jahren „Schämt sich doch mancher, ein Oberpfälzer zu sein" hat zwar gottlob schon Vieles von seiner damaligen Richtigkeit verloren, ganz falsch ist er jedoch immer noch nicht. Dabei braucht sich die Oberpfalz mit ihrer Geschichte, Kultur, Natur und Landschaft nicht zu verstecken. Der vorliegende Luftbildband soll ein weiteres Scherflein zur Aufwertung und Anerkennung dieser Region beitragen. Regionale Identitäten gelten anderswo in Europa mehr, wo man sich auch regionaler Umgangssprachen nicht (mehr) schämt, sondern sie vielmehr zu erhalten versucht; man unterrichtet sie daher teilweise sogar in den allgemein bildenden Schulen (in Norddeutschland stehen beispielsweise Plattdeutsch oder in Südfrankreich Langue d'Oc auf regulären Stundenplänen): Man stelle sich die Reaktionen einschlägiger Kreise in unserem Land vor, wenn auch die Oberpfalz mit ihrem dezidierten Sprachschatz einen solchen Lehrplan einfordern würde! Wie oft wurde und wird die abwertende Bemerkung „er/sie spricht dialektgebunden" in Zeugnisse von Oberpfälzern/innen geschrieben? Dialekt wird hierzulande (noch) als minderwertig erachtet statt ihn als eigenständige, alte traditionsreiche Sprache anzuerkennen; er fällt daher zunehmend dem Vergessen anheim. Allzu viele Oberpfälzer Wörter sind heute nur mehr alten Menschen ein Begriff oder sind schon ganz vergessen.

Das Tal des Regen und mit ihm die Oberpfalz ist ein wichtiger Teil Altbayerns, dessen Hauptstadt jedoch über Jahrhunderte hinweg im fernen Heidelberg lag. Die Oberpfalz hat mit 1,09 Millionen mehr Einwohner als ein EU-Mitgliedsland Malta (0,39 Mill.) oder Luxemburg (0,46 Mill.) oder Zypern (0,78 Mill.). Die Oberpfalz ist mit 9691 km² auch größer als Malta (316 km²) und Luxemburg (2586 km²) oder gar Zypern (9251 km²). Malta, Luxemburg oder Zypern stellen derzeit jeweils einen EU-Kommissar und haben schlagkräftige Vertretungen in Brüssel. Die Oberpfalz stellt keinen eigenen EU-Kommissar, nicht einmal der Freistaat Bayern mit seinen rund 12,5 Millionen Einwohnern hat eine solche Repräsentation (dabei ist Bayern größer als die sieben kleinsten EU-Mitgliedsstaaten zusammen genommen). Betrachtet man die Oberpfalz unter diesem Blickwinkel, hätte diese Region mehr verdient, vor allem eine angemessene demokratische Repräsentanz im europäischen Kontext. Man stelle sich in diesem Zusammenhang vor, dass die Oberpfalz einen eigenen EU-Kommissar stellen würde, die Belange der Region direkt an den Verhandlungstischen der EU-Gipfeltreffen eine zentrale Rollen spielen würden oder man sich gar bei großen Ver-

handlungspaketen querlegen und Nachbesserungen speziell für die Oberpfalz fordern würde! Bürger kleiner Staaten haben heute zudem deutlich mehr Gewicht im EU-Parlament: ein Wähler in Luxemburg ist 12,4mal, in Malta 10,5mal, in Zypern 6,7mal oder in Estland 3,6mal so viel „wert" wie ein Wähler im großen Deutschland oder Frankreich! Natürlich soll hier keiner neuen Kleinstaaterei das Wort geredet werden, dies würde im heutigen Europa keinen Sinn geben. Kleine politische Einheiten (etwa der Größe Bayerns) arbeiten jedoch in aller Regel effizienter als große Nationalstaaten alter Couleur dies vermögen, wie schon auch ein einfacher Blick auf die wirtschaftlich erfolgreichsten EU-Mitgliedsländer zeigt. Vielleicht ist ja das Zitat von Jean Tinguely (1925–1991) in diesem Kontext gar nicht so weltfremd: „Die Schweiz ist ein gutes Muster für Europa. Man sollte Europa in 183 föderalistische Kleinstaaten einteilen. Es muss dann nur noch der Schweiz angeglichen werden. Dann ist es brauchbar."

Das Medium Luftbild bringt eine neue Perspektive ins Spiel. Bodenbilder brauchen Fachwissen und viel Geduld, Luftbilder brauchen darüber hinaus noch geduldige Piloten, eine klare Sicht und einen „achterbahnerprobten" Fotografen! Ich möchte daher mit dem Dank an meine Piloten aus Straubing, Neumarkt und Weiden beginnen (insbesondere an D. Grützner und J. Jogwick), die oft in sehr kurzfristiger Abstimmung in vielen, vielen Flügen zu den schönen Bildern dieses Bandes beitrugen. Mein zweiter Dank gilt Heimatpflegern, Archivaren und Naturschützern der Region, die in couragierter Arbeit Kultur und Natur im Regental erhalten helfen. Nicht zuletzt möchte ich dem geduldigen Engagement meines Verlegers, Herrn Fritz Pustet, danken, der mit seinem Engagement diesen Luftbildband zusammen mit den früheren Oberpfälzer Luftbildbänden Wirklichkeit werden ließ.

Parsberg, im Frühjahr 2007 *Franz X. Bogner*

Das Einzugsgebiet

Der Regen ist der wichtigste Fluss des Bayerischen Waldes. Seine Längenangaben schwanken, je nachdem welche Quellflüsse einbezogen werden. Vier größere Quellflüsse tragen eigene Namenspräfixe: Der Große Regen (18 km) kommt aus dem Böhmerwald über Bayerisch-Eisenstein und vereinigt sich im Zwieseler Becken mit dem Kleinen Regen (16 km), der über Frauenau aus dem Rachelgebiet zufließt. Ab Zwiesel spricht man vom Schwarzen Regen (60 km). Der Weiße Regen (38 km) entspringt im Kleinen Arbersee an der Nordseite des Arbergipfels und durchfließt das ganze Hochtal des Lamer Winkels. Wenn er dann bei Blaibach den Schwarzen Regen trifft, spricht man nur mehr vom Regen. Nach weiteren 107 km an Cham, Roding und Nittenau vorbei sowie einem abrupten Bogen bei Stefling erreicht der Regen bei Regenstauf eine breite Schwemmlandebene und geht schließlich in Regensburg in der Donau auf. Zusammen mit seinen Quellflüssen bringt es der Regen auf ein Einzugsgebiet von rund 2875 km² und zählt damit zu den wichtigen, großen Nebenflüssen der bayerischen Donau. Mancher erinnert sich vielleicht an den Schülerreim: „Iller, Lech, Isar, Inn / fließen rechts zur Donau hin / Altmühl, Naab und Regen / halten links dagegen".

Der Regen ist durch und durch ein Bayerwaldler. Seiner regionalen Bedeutung wurde zu Beginn des 19. Jahrhunderts mit der Einrichtung des Regenkreises auch politische Rechnung getragen, als unter der Ägide von Graf Monteglas die gesamte Landkarte Bayerns neu geordnet wurde. Damals teilte man Bayern nach französischem Vorbild in verschiedene Flusskreise ein und schuf beispielsweise den Regen- und den Nabkreis, den Altmühl- und den Rezatkreis oder den Ober- und Unterdonaukreis. Der Regenkreis spannte sich von Abensberg bis Furth und von Ergoldsbach bis Leuchtenberg und schloss daher weite Teile der heutigen Oberpfalz und Niederbayerns ein. Zunächst (1808) umfasste der Regenkreis nahezu das gesamte Regental, spätere Änderungen in den Jahren 1810 und 1819 verschoben die Grenzen und nur der Unterlauf blieb beim Regenkreis, der Oberlauf mit seinen Quellflüssen kam zum Unterdonaukreis. Schon zwei Jahrzehnte später (1838) ließ man von einer Verwaltungseinteilung nach geographischen Kriterien wieder ab und besann sich auf die historischen Wurzeln der Regionen. König Ludwig I. verordnete daher die „Wiederherstellung der alten, geschichtlich geheiligten Marken", darunter die „Oberpfalz und Regensburg". Das Oberpfälzer Wappen spiegelt dabei die verschiedenen historischen Landesteile im Großen und Ganzen wieder, indem es neben dem altbayerischen Rautenmuster und den Regensburger Schlüsseln den pfälzischen Löwen enthält. Der Regen selbst ist heute zum größten Teil ein Oberpfälzer mit Wurzeln im niederbayerischen Grenzland.

„Der Regen ist ein schwarzes, langsam strömendes Wasser von sanft-schwermütiger Art", dieses Zitat von Georg Britting (1891–1964) beschreibt den Regen sehr treffend. Mit der Deutung des Flussnamens Regen haben sich schon mehrere Autoren versucht und sind dabei zu durchaus unterschiedlichen Lösungen gekommen. Der Fluss Regen hieß bei den Römern *Reginus* oder *Reganus*. Gerne leitet man den Flussnamen vom gotischen *rign* oder dem germanischen *regn* ab („feucht, bewässern, überschwemmen"). Manche Sprachwissenschaftler bevorzugen gar eine vorkeltische Namensgebung. Im 7. Jahrhundert berichteten Missionare von den burgundischen Variskern, dass deren ei-

Das weißblaue Rautenmuster im niederbayerischen Wappen versinnbildlicht das altbayerische Wappen der bayerischen Herzöge, es stammt ursprünglich vom Grafen von Bogen. Der rote Panther verweist auf die Grafen von Ortenburg-Kraiburg.

Das Oberpfälzer Wappen enthält den Pfälzer Löwen, das bayerische Rautenmuster und die Schlüssel als Symbol der ehemaligen Freien Reichsstadt Regensburg.

gentliche Heimat im „Gau Statevanga am Fluß *Regnus*" gelegen habe. Im 9. Jahrhundert sprach man von *Regana* (man hatte aha [Bach, Fluss] als Endung angehängt), im 11. Jahrhundert von *Regin*. Ob man damit das „rauschende Wasser" meinte oder „das von den Wolken kommende Wasser" oder schlichtweg nur „fließen" oder „bewässern/überschwemmen", mag dahingestellt sein, immer war beim Flussnamen Regen schließlich das Wasser im Spiel. Regen ist auch im heutigen Wortschatz ein treffender Name für einen Fluss, auch wenn in Wort und Aussprache nicht zwischen dem Niederschlag und dem Flussnamen unterschieden wird (beide Male ist es im Volksmund der *Renn:g*). Auffallend ist der Wechsel von der männlichen/sächlichen Form in der Römerzeit zur weiblichen im Hochmittelalter und danach wieder zurück zur männlichen.

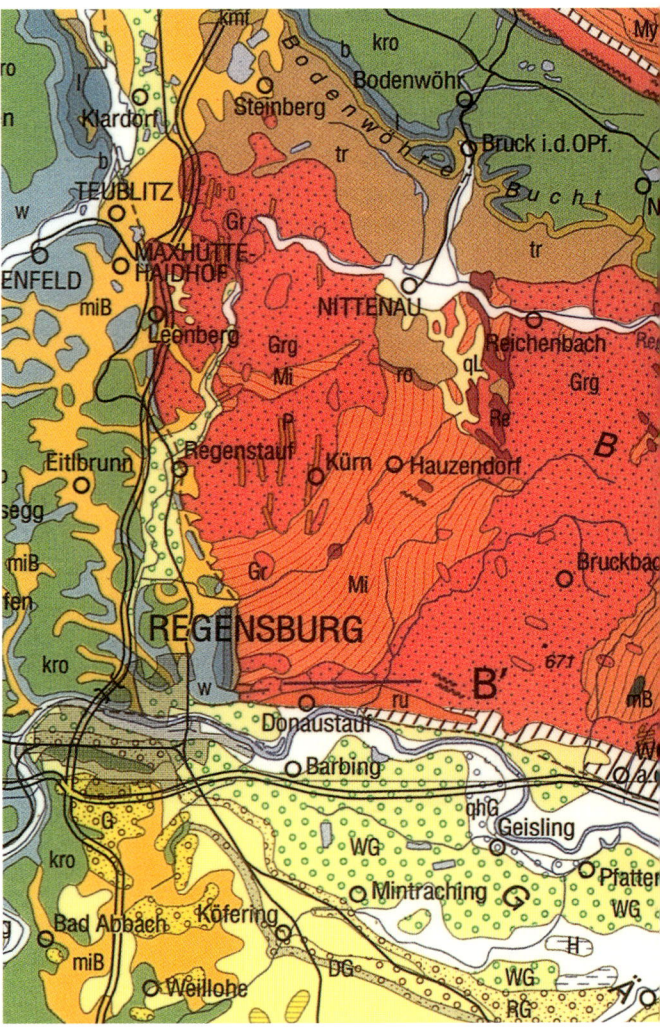

Legende der wichtigsten Farben:	
rot	Granit, Gneis
grün	Oberkreide
braun	Trias
blau	Jurakalk
ocker	Braunkohlentertiär
hellgelb	Schotter, Schwemmland
tiefgelb	Löß, Lehm
weiß-gestreift	Pfahl

Geologische Zeitreisen

Ein Blick auf den Verlauf des Regen wirft immer die Frage auf, weshalb er einen derart großen Umweg macht, um schließlich doch noch in die Donau zu münden. Der Regen fließt ja über weite Strecken der Donau geradezu entgegengesetzt (d. h. nach Westen), um dann nördlich Regensburgs abrupt zur Donau nach Süden einzuschwenken. Vom Arber und Osser aus gesehen würde man eigentlich die Diretissima zur Donau erwarten, wie es beispielsweise die Ilz mit ihren Quellflüssen macht und direkt ins Passauer Land fließt, um dort in die Donau zu münden. Dass der Regen einen solchen Umweg macht, hat mit dem Verlauf des Pfahls zu tun, einer geologisch sehr harten Barriere, die als schnurgerader Quarzgang quer durch den Bayerischen verläuft (siehe unten). Der abrupte Richtungswechsel des Regen bei Weißenstein und der Stadt Regen ist beispielsweise durch den Pfahl verursacht. Erst bei Thierlstein kann der Regen diese geolo-

gische Begrenzung endgültig überwinden und nach Westen durchbrechen. Danach könnte man durchaus erwarten, dass der Fluss ab Cham/Roding über die flache Bodenwöhrer Senke zur Naab fließen würde anstatt sich seinen Weg durch den felsigen Vorwald über Regenstauf nach Regensburg zu bahnen. Interessanterweise waren der Ur-Regen und die Ur-Naab in grauer Vorzeit sehr wohl verbunden und sind erst später getrennte Wege gegangen (wir wissen dies

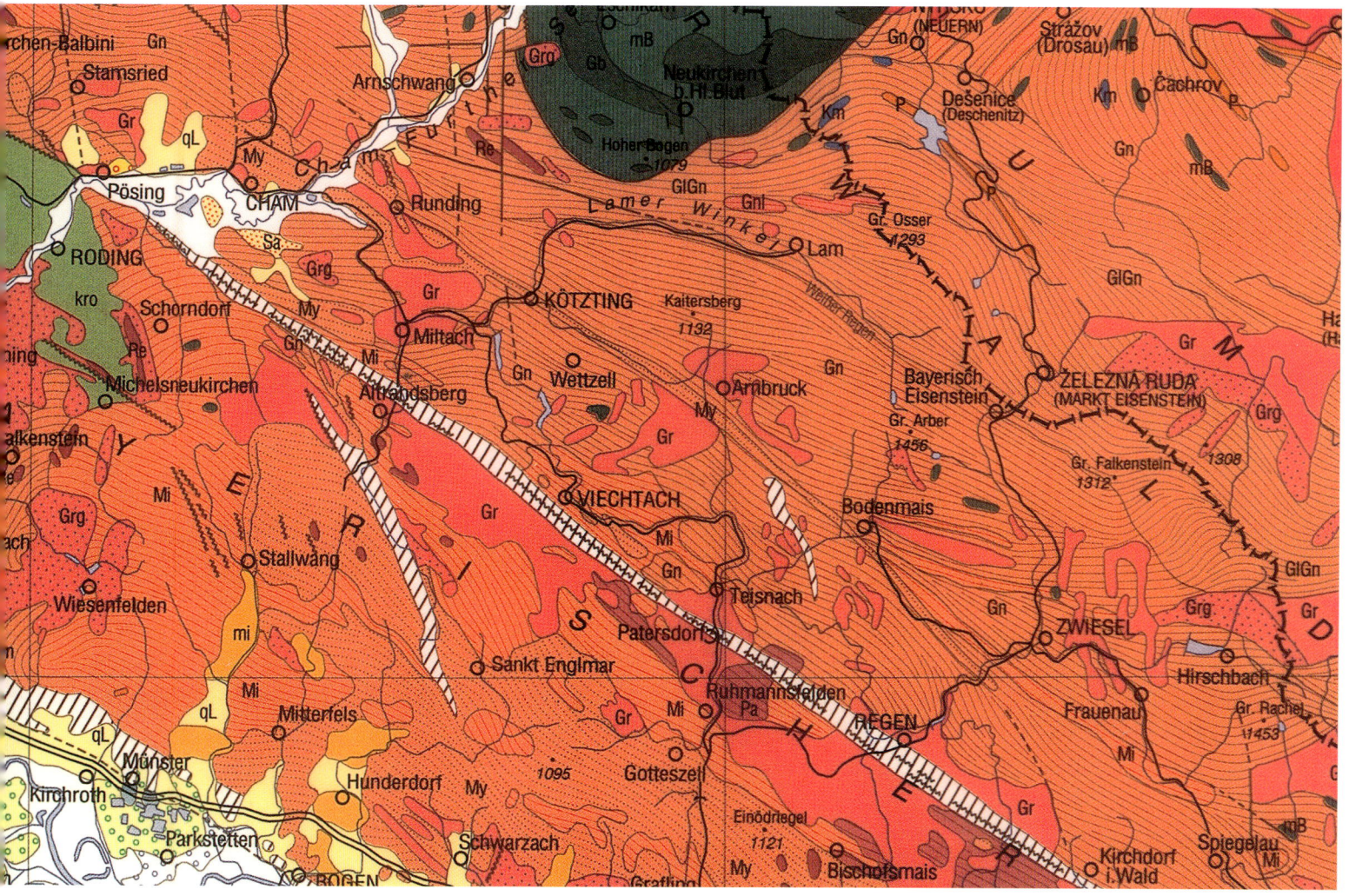

aus Sedimentanalysen). Ein Blick auf die geologische Karte kann manches erklären helfen, obwohl solche Karten nur den *Status quo* aufzeigen, nicht aber die Vorgänge vergangener Jahrmillionen wiedergeben können. Geologische Hebungs- und Senkungsvorgänge, und seien sie über kurze Betrachtungszeiträume noch so geringfügig, sind auf diesen Karten nicht zu sehen. Hat ein Fluss sich nämlich einmal eingegraben und ein Tal geschaffen, wird er auch zum Ge-

fangenen seiner eigenen Erosionsarbeit und kann sein eigenes Tal nur mehr schwer verlassen. Ein Fluss wie der Regen zeigt beides, nämlich wie er geologischen Linien folgt und wie er entgegen heutiger geologischer Gegebenheiten seinen Lauf nimmt.

Der Bayerische Wald ist ein kristallines Grundgebirge mit den ältesten Gesteinen der Welt. Vor rund 340 Millionen Jahren, gegen Ende des Erdaltertums, begann die so genannte variskische Gebirgsbildung, die unter hohem Druck und hohen Temperaturen die heute dominierenden Gesteinsarten Granit, Gneis und Glimmer entstehen ließ. Vielleicht kennt der eine oder andere noch den einprägsamen Merksatz aus seiner Schulzeit: „Granite haben immer / Feldspat, Gneis und Glimmer". Granit dominiert auf dem Lusen (1370 m) und dem Dreisessel (1330 m), Gneis auf dem Arber (1456 m) und dem Rachel (1453 m), und Glimmerschiefer auf dem Osser (1293 m). Ihre Entstehung verdanken diese Gesteinsarten mächtigen Sedimentschichten, die sich schon vor rund 600 Millionen Jahren in einem rasch absinkenden Meerestrog abgelagert hatten. Hoher Druck

und Temperaturen zwischen 300° und 500° C schufen schließlich die Mineralgesellschaft aus Quarz, Glimmer und Granit. Obwohl ursprünglich in den Tiefen des Meeres geboren, kam es in den späteren Jahrmillionen zu einer Hochgebirgsbildung und der ehemalige Meeresgrund wurde seinerseits einer langsamen Verwitterung ausgesetzt. Trotz der Granithärte wurden die ursprünglich mächtigen Gebirgszüge daher im Laufe der Jahrmillionen zunehmend abgetragen; das heutige Erscheinungsbild zeigt nur mehr einen verbliebenen Rumpf eines ursprünglich sehr viel höheren Gebirges. Allerdings hat die Alpenauffaltung seit rund 60 Jahrmillionen dieses Rumpfgebirge nochmals beeinflusst und als Mittelgebirge wieder herausgehoben; dabei zerbrach das Gebirge in mehrere Schollen, es entstand der Donaurandbruch und das Alpenvorland senkte sich stark ab. Die heutige Landschaftsoberfläche ist also das Ergebnis einer erneuten Hebung eines bereits abgetragenen Gebirges. Des Weiteren ist der Bayerische Wald auch ein schönes Beispiel für eine jahrmillionenlange Erosion, die abgerundete Oberflächenformen mit typischen, lang gezogenen Höhenrücken hervorgebracht hat.

In den Eiszeiten waren weite Teile der Hochlagen des Bayerischen Waldes mit Firneis bedeckt oder gar richtig vergletschert. Damals lag die Schneegrenze in rund 1000 m Höhe und hielt beispielsweise den Lusen und den Rachel ganzjährig mit einer Schneehaube bedeckt. Im Tal der Kleinen Ohe reichte die Vergletscherung sogar bis unter 800 m hinab, ähnliche Verhältnisse lagen im Reschwassertal vor. Der Rachelsee entstand aus einer gletschergeschürften Wanne, die schließlich talwärts durch Moränenwälle abgedichtet wurde. Da immer Boden und Gesteinstrümmer mittransportiert wurden, erzählen die Moränen dem Fachmann ganz gut die Geschichte der Vereisung, die hier vor rund 8000 Jahren endete. Als das Wasser nach der Eiszeit stellenweise nur sehr langsam abfließen konnte, bildeten sich ausgedehnte Moore. Nicht vergessen werden sollten zudem die so genannten „Fließerden" als eine typische Erscheinung eiszeitlicher Frostböden, die durch das periodische oberflächliche Auftauen der Permafrostböden entstanden sind: Die Oberflächenerde wurde dabei langsam mit Wasser übersättigt und rutschte im Zuge von Frosthebungen talwärts. Diese Erde sammelte sich schließlich in tiefer liegenden Hangmulden an. Das frisch anstehende Gestein der entblößten Bereiche unterlag danach in der so genannten Frostsprengung einer nicht unerheblichen Erosion.

Der Pfahl zieht sich als oberirdisches Quarzriff quer durch den Bayerwald und teilt ihn in den Vorderen und den Hinteren Bayerischen Wald. Er zählt zu den auffälligsten und bedeutendsten tektonischen Phänomenen der Welt. Der bis zu 50 m mächtige Quarzgang erhielt seinen Namen von den teilweise an der Oberfläche sichtbaren „weißen Felsenmauern" (*pallidus* [lat.] = blass, fahl); im Volksmund war es schlicht die Teufelsmauer. Deren Entstehung hat schon viele Deutungen erfahren: Im 19. Jahrhundert hatte beispielsweise irgendein vorlauter Phantast in Hauptmannsuniform den Pfahl zum „römischen Befestigungswerk" erklären wollen. Seriöse Zeitgenossen gingen jedoch schon bald von einer gewaltigen, geologischen Druckbeanspruchung aus, die „das Gneis-Granit-Gebirge längs der Pfahllinie zerbrochen und die Süd- und Nordscholle gegenseitig fast vertikal verworfen hat". Die Südscholle, also der Vordere Bayerische Wald, wurde bei diesem tektonischen Vorgang nach Nordwesten geschoben und emporgehoben, während die Nordscholle, also der Hintere Bayerische Wald, nach Südosten triftete. Die nahezu schnurgerade Bruchkante und das komplizierte Scherspaltensystem füllte sich vor rund 250 Millionen Jahren mit heißem, kieselsäurehaltigem Wasser, bis schließlich Quarz auskristallisieren konnte. Der milchig-weiße Pfahlquarz besteht zu über 95 % aus Kieselsäure und kann durch geringe Anteile von Eisenverbindungen

gelbliche, rötliche oder graue Farbvarianten aufweisen. Da der harte Quarz der Verwitterung länger als die umgebenden Gesteine widerstand, ist der Pfahl heute eine deutliche Landmarke eines mauerähnlichen „Härtlingszugs" (sofern er in der Vergangenheit nicht dem Steinbruch zum Opfer fiel): Der rund 150 km lange Pfahl zieht sich daher an manchen Stellen wie ein überbreites steinernes Mauerwerk durch die Landschaft. Er wurde hauptsächlich in der letzten Eiszeit durch Erosion von den überlagernden Erdschichten befreit. Wurde der Quarz abgebaut, nahm man ihn wegen seiner Eisen- und Kaolinspuren nur selten zur Glasherstellung, da sich im erkalteten Glas meist unschöne Schlieren bildeten. Trotzdem wurden in der Vergangenheit große Teile des Pfahls abgebaut. Erst nach heftigen und langwierigen Diskussionen konnte diese einmalige geologische Rarität unter Schutz gestellt werden.

Auf seinen letzten Kilometern verlässt der Regen sein granitenes Tal und tritt in die flache Schwemmlandebene des Donautals ein. Er trifft ab Regenstauf sogar noch auf Kreide- und Juraausläufer, die sich als geologische Ablagerung von der französischen Schweiz bis ins Fichtelgebirge erstrecken. Diese Sedimente sind im einstigen flachen Jurameer als Schlammablagerungen entstanden und in den Jahrmillionen danach zu Gestein geworden; meist sind Meeresmuscheln und Korallen als Fossilien eingeschlossen. Wie bei allen geologischen Angaben differieren die Jahresangaben für die rund 70 Millionen Jahre lange Jurazeit je nach zugrunde gelegtem Theorieansatz zum Teil beträchtlich. Von den drei farblich unterschiedlichen Juraschichten des Schwarzen Jura (215–185 Millionen Jahre), des Braunen Jura (185–160 Millionen Jahre) und des Weißen Jura (160–145 Millionen Jahre) ist im Bereich des Regentals nur die letzte sichtbar: Der Keilberg in Regensburg markiert die östliche Grenze des Jura (und ist als gewaltiger Steinbruch unübersehbar).

Die Flößerei auf dem Regen

Der Regen war für frühe Siedler die Eintrittspforte zur Vorwald- und Bayerwaldregion; man ließ sich zunächst bevorzugt in Flussnähe nieder, da der Fluss über lange Zeit die Hauptverkehrsader des Regentals blieb. Flüsse waren ja die Überlandstraßen des Mittelalters. Richtige Straßen in unserem Sinn waren damals entweder gar nicht vorhanden oder sie versanken immer wieder im Schlamm. An feste Brücken über den Regen war über Jahrhunderte hinweg gar nicht zu denken. Flache Furten waren denn auch bevorzugte Orte für Siedlungen. Der Regen stellte für kleine, flache Boote sogar einen Zugang bis zum Oberlauf sicher. Befördert wurden wohl Tongefäße und Waren aller Art, sofern sie nicht zu schwer waren, auch Jagdbeute und lebende Tiere könnten dabei gewesen sein. Bei all dem Verkehr und Transport wird oft zu wenig an ein anderes großes Transportvolumen gedacht, das keiner besonderen Boote bedurfte, die Flößerei. Dabei war sie bis in die jüngere Vergangenheit ein regelmäßiges Ereignis, das alljährlich im Frühjahr Unmengen an Holz aus dem Bayerischen Wald zur mittelalterlichen Großstadt Regensburg brachte, welches dort den ständigen Bedarf an Brenn- und Bauholz befriedigte bzw. donauabwärts weiter transportiert wurde. Über Jahrhunderte hinweg sorgte die Flößerei für eine sichere Abfuhr jedes Holzeinschlags entlang des Regens!

Auf dem Regen müsste man mehr von Trift als von einer Flößerei sprechen. Flößerei meint nämlich den schwimmenden Holztransport auf größeren Flüssen, der ganze Baumstämme in größeren Einheiten zusammengebunden zu ihren Bestimmungsorten brachte. Trift kommt von Treiben, Treiben lassen und bezieht sich auf den Holztransport auf den kleineren Flüssen der Mittelgebirge, die meist nicht breit genug für größere „Transporteinheiten" waren. Dennoch wurden im Regental beide Begriffe ohne großen

Unterschied nebeneinander verwendet. Gerade im Anfangsbereich der Flüsse wurden zudem Baumstämme mit ausgelösten Wasserschwällen (vor allem nach der Schneeschmelze) in einem ausgeklügelten System talwärts transportiert. Überall im Bayerwald fanden sich daher für diese Zwecke besondere Schwellteiche. Im Unteren Bayerischen Wald hießen diese Schwellteiche Klausen (claudere [lat.] = schließen), vielleicht weil diese im kirchlich-lateinisch geprägten Hoheitsgebiet des Fürstbistums Passau lagen. Ob Klausen oder Schwellteiche, immer wurde auf ihnen beim Einsetzen der Schneeschmelze das Holz für den weiteren Transport ins Tal gesammelt. Da während der Trift das Wasser den Mühlen, Sägewerken oder Hammerwerken nicht zur Verfügung stand, war eine zeitliche Abstimmung immer notwendig. Des Weiteren musste man verhindern, dass die treibenden Baumstämme Schäden anrichteten und die Wasserversorgungskanäle beschädigten. Staatliche Floßordnungen waren daher seit dem Mittelalter überall zu finden, die beispielsweise auch die zu zahlenden Ausfallgebühren an die Wassernutzer entlang des Regens während der Trifttage regelten.

Die Flößerei auf dem Regen ist bereits im 14. Jahrhundert historisch fassbar, als den Regensburgern „die Flutterei auf dem Regen, der Naab und der Pfreimd" überlassen wurde. Im Jahre 1491 beriefen sich die Ritter des Löwlerbundes in ihrem Streit mit dem bayerischen Herzog (siehe unten) bei der Flößerei schon auf ein „uraltes Recht". Mautstationen waren beispielsweise in Cham und Regenstauf begehrte Einnahmestellen. In Reinhausen vor den Toren des mittelalterlichen Regensburgs gab es das so genannte Fluderrecht, das die Flößer zur Maut oder gar zum Verkauf ihrer Ware zwang. Unterwegs waren weitere diverse Abgaben fällig, beispielsweise ein Lot Safran (in Regenpeilstein). Manchmal nahmen die Flößer gegen gesondertes Entgelt Bienenwachs oder Bier zum Damenstift Obermüns-ter in Regensburg mit und erhielten dafür zwei Laib Brot. Mitte des 19. Jahrhunderts nahm die Staatliche Forstverwaltung in Zwiesel mehr als 10 000 Gulden allein aus den Triftgebühren ein. Eine Trift dauerte bei guten Wasserverhältnissen von Theresienthal (bei Zwiesel) bis Lappersdorf (bei Regensburg) rund einen Monat, wie aus Forstaufzeichnungen des Jahres 1863 hervorgeht: Man benötigte bis Regen vier Tage, sechs weitere Tage bis Teisnach, vier Tage bis Viechtach, vier Tage bis Blaibach, fünf Tage bis Cham, jeweils weitere vier Tage bis Stefling und Lappersdorf. Bei niedrigem Wasserstand konnte das ganze Verfahren allerdings auch dreimal so lange dauern. Für eine einzige Trift brauchte man dabei gut 120 Arbeiter. Alljährlich schwammen dabei gewaltige Holzmassen den Regen hinunter: 1907 waren es rund 190 000 Blöcher (zersägte Baumstämme mit rund drei Metern Länge), 1916 sogar 211 000. Das letzte Floß schwamm 1925 den Regen hinab, bevor die Staumauer des Höllensteinsees geschlossen wurde (siehe Blaibach).

Die Holztrift war eine sehr schwere Arbeit, an der vor allem diejenigen verdienten, die nicht tagtäglich im eiskalten Wasser stehen mussten. Gewinner waren die Holzhändler und die Regensburger Endverbraucher. Dabei gab es immer wieder Klagen über die Zustände beim Flößen. Die Holzhändler klagten, weil ihnen unterwegs sehr viel Holz abhanden kam, also gestohlen wurde. Die Mühlenbesitzer klagten, weil ihnen Stauwasser für ihre Mühlen verloren ging, wenn die Flusswehre für die Baumstämme geöffnet werden mussten; alle Mühlenbetreiber entlang des Regen erhielten jeweils zwei Gulden Entschädigung (und wurden dann 48 Stunden vor dem Eintreffen einer Trift in Kenntnis gesetzt). Die Holzbauern klagten, weil ihnen zu niedrige Preise bezahlt würden. Von den vielen Waldarbeitern, die die harte Knochenarbeit im Wald zu leisten hatten, und den Flößern selbst, die durch das ständige Arbeiten im kalten

Wasser ihre Gesundheit ruinierten und oft genug auch ihr Leben auf Spiel zu setzen hatten, sind nur wenige Klagen schriftlich festgehalten. Mitte des 19. Jahrhunderts wurde für den Regen eine allgemeine „Trift- & Floßordnung" erlassen und im Laufe der Jahre immer weiter verbessert. Immerhin brauchte die Königliche Regierung damals 46 Paragraphen, um alle Bereiche des Flößens und Triftens zu erfassen. Triften durfte auf dem Regen jeder, sofern er dies beim Forstamt in Zwiesel anmeldete. Jedem Stamm wurde eine zugeteilte Registriernummer als Besitzzeichen eingeschlagen. Das Triften erforderte vor allem auch viel Wissen und Erfahrung, man hatte es mit den unterschiedlichsten Strömungsverhältnissen zu tun, besonders an tückischen Stellen wie Brücken oder Engstellen. Die Holztrift war zwar mit viel Ri-

siko und Schinderei verbunden, verdienen konnte man bei einem doppelten Lohn eines Holzknechts aber vergleichsweise gut. Zwar galten die Holzknechte als fromme Leute, die sich vor ihrer Abfahrt konsequent dem hl. Nikolaus als Schutzpatron anvertrauten; man unterstellte ihnen aber auch, dass sie nachts schwarz fischten oder wilderten und nach überstandenen Gefahren gerne ihren Lohn schnell wieder vertranken.

Die Holztrift auf dem Regen kollidierte, wie oben schon gesagt, mit den Interessen vieler Flussnutzer. Aus dem Jahr 1636 ist ein Interessenkonflikt besonderer Art aktenkundig, als den Bürgern von Zwiesel das Recht auf das „Holzfludern" widerrufen wurde, um die einträgliche Perlzucht am Oberlauf der Quellflüsse nicht zu gefährden (jedes Triften

Große Strecken des Schwarzen Regen sind auch heute noch von Wald gesäumt.

wühlte das Wasser immer stark auf und störte die Wasserökologie im Allgemeinen und das Leben von Filtrierern wie Muscheln im Besonderen). Die Muschelzucht war ein wirtschaftspolitisches Hätschelkind des bayerischen Herzogtums, dessen Wertschöpfung offenbar die Holztrifteinnahmen überstieg. Dreißig Jahre später wurde die Holztrift in Zwiesel zwar wieder erlaubt, jedoch nur „im Frühjahr und im Herbst bei hohem Wasserstand". Trotz der Bedeutung der Trift auf dem Regen wurden allerdings nie die Holzmengen der nahen Ilz erreicht, die beispielsweise in Passau ankamen; dort war der Holzhunger einer Weltstadt Wien zu befriedigen. Im Falle der Regentrift musste man offenbar immer um Gewinne kämpfen, wie aus einem Antrag eines Regensburger Großhändlers im Jahr 1861 hervorgeht, die fälligen Triftgebühren auf dem Regen vollständig zu beseitigen; er begründete dies mit der Eröffnung der Bahnstrecke von Schwandorf nach Furth, die den Holztransport wesentlich günstiger und erheblich weniger personalintensiv gewährleistete. Weitere drei Jahre später beklagte auch die Handelskammer, dass nur eine „geringe Differenz zwischen der Bahnfracht ... und den Triftgebühren allein von Cham nach Regensburg bestehen würde". Die Regierung lenkte schließlich ein und verzichtete fortan auf jegliche Gebühren für Bretter- und Langholzflöße.

Als man den Regen schiffbar machen wollte

Am 1. April 1837 erhielt die Regierung des Regenkreises folgendes Schreiben aus München: „Gleich der Vils und Naab, deren Schiffbarmachung bereits in Betrieb gesetzt ist, verdient auch der Regenfluss die vollste Aufmerksamkeit in Ansehung der Vorteile, welche durch seine Schiffbarmachung für den Ludwig-Kanal erwachsen können. Zu diesem Behufe wurde beschlossen, vorerst die möglichen Erhebungen bezüglich der Ausführbarkeit der Schiffbarmachung des Regenflusses und die diesfallsigen Vorarbeiten noch in diesem Etatjahr beginnen zu lassen. Es wird daher à Conto der Hauptbaureserve des Centralfonds für Straßen- und Wasserbauten des Jahres 1836/37 zur Verausgabung auf neue Wasserstraßen 1200 fl [Gulden] mit dem Anhang zur Verfügung gestellt ...". Die Summe wurde denn auch im gleichen Jahr für die hydrometrischen Messungen zwischen Steinweg (Regensburg) und Nittenau ausgegeben. Im Jahre darauf wurde ein weiterer Zuschuss von 3000 Gulden gewährt. 1840 wurde dem Ministerium schließlich eine erste Machbarkeitsstudie samt Kostenvoranschlag für die Schiffbarmachung des Regen vorgelegt. Projektierte Gesamtkosten der Kanalisierung von Regensburg bis Cham: 1,108 Millionen Gulden!

Man hatte damals mit dem Regen Großes vor, plante man doch Buhnen mit mehr als einem Meter Breite, was allein knapp 300 000 Gulden gekostet hätte. 6000 Gulden wären allein für die Räumung des Flussbettes bei Hirschling angefallen. An mehreren Stellen wären Begradigungen notwendig geworden, 13 Schifffahrtsschleusen waren vorgesehen. Die Machbarkeitsstudie für den „Allerdurchlauchtigsten Großmächtigsten König, Allergnädigsten König und Herrn" enthielt auch den Zusatz, dass man die Folgestudie „für die Schiffbarmachung des Reststücks bis zur Grenze in Zwiesel erst später erledigen" könne. Bis Kötzting sei der Regen ohne Weiteres für Schiffe bis zu 1000 Zentner Last schiffbar zu machen, darüber hinaus sei jedoch „von Kötzting bis Viechtach mit gewissen Schwierigkeiten und Einschränkungen" zu rechnen. Liest man weiter in dieser Studie, werden die Prioritäten dieser Zeit überdeutlich: „Am Regen gibt es viele wichtige Städte, die ihre Ausfuhr und auch Einfuhr mit Nutzen aus dem Regen vollziehen würden, zumal die wenigen, unebenen Straßen schlecht seien und ständig über Berg und Tal führten."

Die Schiffbarmachung des Regen wäre auch als Wirtschaftsprogramm für die Region verstanden worden. Der Bayerische Wald war reich an Bodenschätzen, Wald und Wasserkraft, dennoch war er immer ein Auswanderungsland, es gab zu wenige Verdienstmöglichkeiten. Nicht umsonst lebte Maximilian Waldschmidt in München, nicht umsonst hatten seine Bücher so großen Erfolg gerade bei seiner Münchner Leserschaft; viele Neu-Münchner des 19. Jahrhunderts stammten aus dem Bayerwald. Wir dürfen nicht vergessen, dass München erst um 1850 rund 100 000 Einwohner hatte, heute hat München erheblich mehr Studenten/innen als es damals Einwohner gab. In den meisten Bayerwaldfamilien herrschte bis in die 1930er Jahre bittere Armut. Dies ist heute nicht mehr bewusst, lassen wir uns doch von den Staatsbauten gerade der bayerischen Königszeit blenden: Man hungerte im Regental, als man in Oberbayern und in Schwaben Märchenschlösser baute! Zudem

hatte gerade der Bayerische Wald immer hohe Geburtenraten; wer nicht in München eine wirtschaftliche Bleibe fand, musste das Land ganz verlassen. Nur von wenigen Auswanderern gibt es schriftliche Hinterlassenschaften, Emmerenz Meier (1874–1928) aus Waldkirchen im Hinteren Bayerischen Wald ist hier eine Ausnahme. Mit 19 Jahren hatte man ihre erste Erzählung „Der Juhschroa" in der Passauer Zeitung gedruckt, die Geschichte von einer armseligen Frau, die mit einem jubilierenden Schrei ihr Leben beendete. 1906 war Frau Meier schließlich zusammen mit ihrer Mutter über den Atlantik ausgewandert, d. h. ihrem Vater nach Chicago gefolgt; wie vielen anderen Waldlern hatte ihr der Wald „kein Auskommen" bieten können.

Dass ein Ausbau zur Schifffahrtstrasse die Ökologie „dieses schönen Flusses" fundamental beeinträchtigt hätte, kam den Schreibern des Machbarkeitsberichts nicht einmal ansatzweise in den Sinn. Die Normalwassertiefe sollte rund

Am Unterlauf des Regen ist das Tal einer starken Nutzung unterworfen: hier verläuft die Autobahn A 93, hier breiten sich große Siedlungen aus und hier ist der Flusslauf zu einem eher geraden Band eingeengt.

1,20 m erreichen, ein Regenschiff sollte 3 m breit und 34 m lang sein. Flussaufwärts sollten die Schiffe wie damals üblich getreidelt werden, sodass beidseitig Ziehwege für die Pferdegespanne vorgesehen waren. Auch an eine Verbesserung der Flößerei wurde gedacht, da nach dem Ausbau im Regen „die größten damals im Handel befindlichen Baumstämme Platz gehabt hätten". Interessant ist auch noch die Bemerkung im Bericht, dass „in den Dörfern am Regen nur Holzhäuser oder solche aus unbehauenen Steinen anzutreffen gewesen wären". Handwerker der Region hatten daher keinerlei Erfahrung mit Steinbauten und konnten keine Preisangebote für den Schleusen- und Wehrbau machen. Alles blieb letztlich ein Projekt: Der Regenausbau scheiterte an den hohen Kosten sowie am heraufziehenden wirtschaftlichen Desaster des neu eröffneten König-Ludwig-Kanals. Der Regen blieb wie er war!

Eisenbahnen im Regental

Viele werden den lustigen Spruch über verpasste Züge im Bayerwald kennen: „Als ich mit dem Zug nach Cham kam, war der Zug nach Furth furt. Ich fuhr dann am Regen nach Regen, und von dort im Bogen nach Bogen". Anfang des 20. Jahrhunderts hatte der Bayerwald also ein dichtes Eisenbahnnetz. Begonnen hatten die Diskussionen über Streckenverläufe, wie fast überall in Bayern, zur Mitte des 19. Jahrhunderts, als nahezu jede Kommune im Poker um einen Eisenbahnanschluss mitzuspielen begann. Die Entscheidungen fielen jedoch in aller Regel nicht in der Region, sondern im fernen München oder in den Firmenetagen der Investoren. Den König und den Landtag in München erreichten über Jahrzehnte hinweg Unmengen von Petitionen, die immer für oder gegen diese oder jene Streckenführung plädierten. Angesichts der regionalen Be-

deutung des Regen war es nahe liegend, auch an eine Regentalbahn zu denken, also an eine Verbindung von Cham über Regen nach Passau. Zur Unterstützung des Plans wies man besonders auf das „Vorhandensein von Wasserkräften in unendlicher Menge, den Grundvoraussetzungen für Ansiedlungen industrieller Art" hin: Die Eisenbahn würde den eigentlichen Standortnachteil aufwiegen und energieabhängige Industrieprodukte jeglicher Art dem Markt zuführen können.

Im Juli 1862 wurde als erste Bahnlinie der Region eine Verbindung von Schwandorf über Cham und Furth nach Pilsen eröffnet. Diese Trasse hatte sich bei den Entscheidungsträgern durchgesetzt, weil sie die meisten Passagiere in der Region versprach und bautechnisch am einfachsten zu realisieren war. Ein weiterer wirtschaftlich entscheidender Faktor für genau diese Streckenführung war der kostengünstige Zugang zur böhmischen Kohle gewesen. Entscheidungen fielen wie gesagt selten in der Region, und auch im Regental blieben, wie andernorts, viele Ideen schlichtweg unausgeführte Pläne auf dem Papier. 1863 wollte beispielsweise ein eigens gegründetes Eisenbahnkomitee die Linie Cham-Straubing durchsetzen. Man warb damit, auf diese Weise die kürzeste Verbindung zwischen Innsbruck und Prag erhalten zu können und setzte Cham und Straubing als Haltestationen in die Nord-Süd-Transversale von Venedig-Verona-Innsbruck-Rosenheim und nach Prag-Dresden ein. Dieses Gesuch blieb unbeantwortet. Ein zweiter Versuch setzte mehr auf die „lokale Karte" und hob vor allem hervor, dass „der Umweg über Regensburg untragbar sei"; die Ostbahngesellschaft hätte nahezu die Verpflichtung, eine Verbindungslinie zwischen Straubing und Cham zu bauen. Es blieb wiederum beim Gesuch!

Mit der Eisenbahn konnte Langholz aus dem Bayerwald erstmals in größerem Umfang transportiert werden. Der Holztransport war schonender und zunehmend auch billi-

Der Schwarze Regen ist über lange Passagen nur von Eisenbahn-schienen gesäumt, für eine Straße reicht der Platz des schmalen Tals oft nicht aus.

ger (siehe unten) und die Langhölzer mussten nicht mehr zersägt werden. Trotzdem konnte sich das Triften auf dem Regen noch bis in die 1920er Jahre halten. Besonders mit der Eröffnung der Waldbahn von Plattling nach Bayerisch Eisenstein (1877) lohnte der Holztransport auf der Schiene, wurde doch dadurch der lange Weg über den Regen zur Donau sehr viel kürzer. Für diesen Eisenbahnbau mussten besonders viele Erdbewegungen und Einschnitte in den Fels vorgenommen werden. Zudem war mit der 308 m langen Ohebrücke bei Regen die zweithöchste Eisenbahnbrücke Bayerns (48 m hoch) notwendig; weitere Brücken mussten bei Regen (114 m lang), Zwiesel (135 m) und Ludwigsthal (102 m) allein auf der kurzen Strecke nach Bayerisch-Eisenstein gebaut werden. Für den gewaltigen Anstieg vom Donautal herauf bedurfte es neben mehreren Großbrücken einer doppelten Kehrschleife und eines Tunnels bei Ulrichsberg/Deggendorf. Die gesamte Strecke wurde zunächst eingleisig gebaut, aber bereits für einen zweigleisigen Ausbau vorbereitet; dieser unterblieb jedoch bis heute. Trotz Zonengrenzlage überlebte die Waldbahn schließlich, wie viele Eisenbahnstrecken im Regental, die Automobileuphorie der 1950er und 1960er Jahre. Heute beginnt das Pendel schon wieder zurückzuschlagen und Gedanken über ganz neue Bahnlinien hervorzubringen. Man greift dabei alte Pläne wieder auf, denn seit dem Fall des Eisernen Vorhangs möchte man schnellere und kürzere Verbindungen nach Prag. Es ist (wieder) die Rede von einer direkten Strecke von Regensburg über den Vorwald nach Cham und weiter nach Tschechien: man favorisiert dafür die Streckenführung über Roding und Cham, die den jetzigen Umweg über Schwandorf überflüssig machen würde. Der Zustand der öffentlichen Kassen verbietet zurzeit derartige Großprojekte, vielleicht schießt man ja irgendwann europäisches Geld zu! Man wird sehen, ob die neuen Pläne wieder nur Makulatur bleiben.

Glasmacher im Bayerwald

Die Glasmacherkunst ist im Bayerwald seit dem 14. Jahrhundert zu Hause. Die wirtschaftliche Grundlage war ein anscheinend unerschöpflicher Urwald, der ausreichend Brennmaterial und Pottasche (aus Holzkohle) lieferte, und der Quarz des Pfahls. Kalk dagegen, zu etwa einem Zehntel an der Glasmasse beteiligt, musste man vom Jura (z. B. aus Kelheim) einführen, da der Bayerische Wald eine „kalkfreie Zone" darstellt (siehe Geologie). Die Glashütten „fraßen" sich meist durch den Wald und hinterließen dort jeweils Verwüstungen; gab es kein Holz rund um eine Glashütte mehr, zog man oft einfach weiter und rodete weiteren Wald. Man unterschied zwischen einem Scheiterwald (für die Brennholz- und Triftholzgewinnung) und einem Aschenwald, in dem so genannte Aschenbrenner Pottasche gewannen. Ohne den Zusatz von Pottasche konnte die Glasmasse nicht bei den maximal möglichen Temperaturen von Holzfeuern schmelzen. Pottasche musste dabei aus großen Mengen von Feuerasche durch Auslaugen mit heißem Wasser gewonnen werden. Reine Pottasche ist ein weißes Pulver und nichts anderes als Kaliumkarbonat (K_2CO_3). Der Name des Kaliumsalzes leitet sich aus der genannten Herstellung aus Holzasche und dem Eindampfen der Lösungen in Töpfen (Pötten) ab (auch der englische Name „potassium" gründet sich in dieser Sprachwurzel). Als Faustregel galt, dass für die Pottaschenherstellung rund dreimal so viel Holz wie für den direkten Glasschmelzvorgang nötig war. Insgesamt mussten also für die Glasproduktion ganze Waldstriche in Asche gelegt werden. Die Aschenwälder lagen dabei meist abgelegen in den Hochlagen des Grenzwaldes, da das Produkt Pottasche leicht zu transportieren war und man die Wälder um die Glashütten dringend für die reine Glasherstellung brauchte.

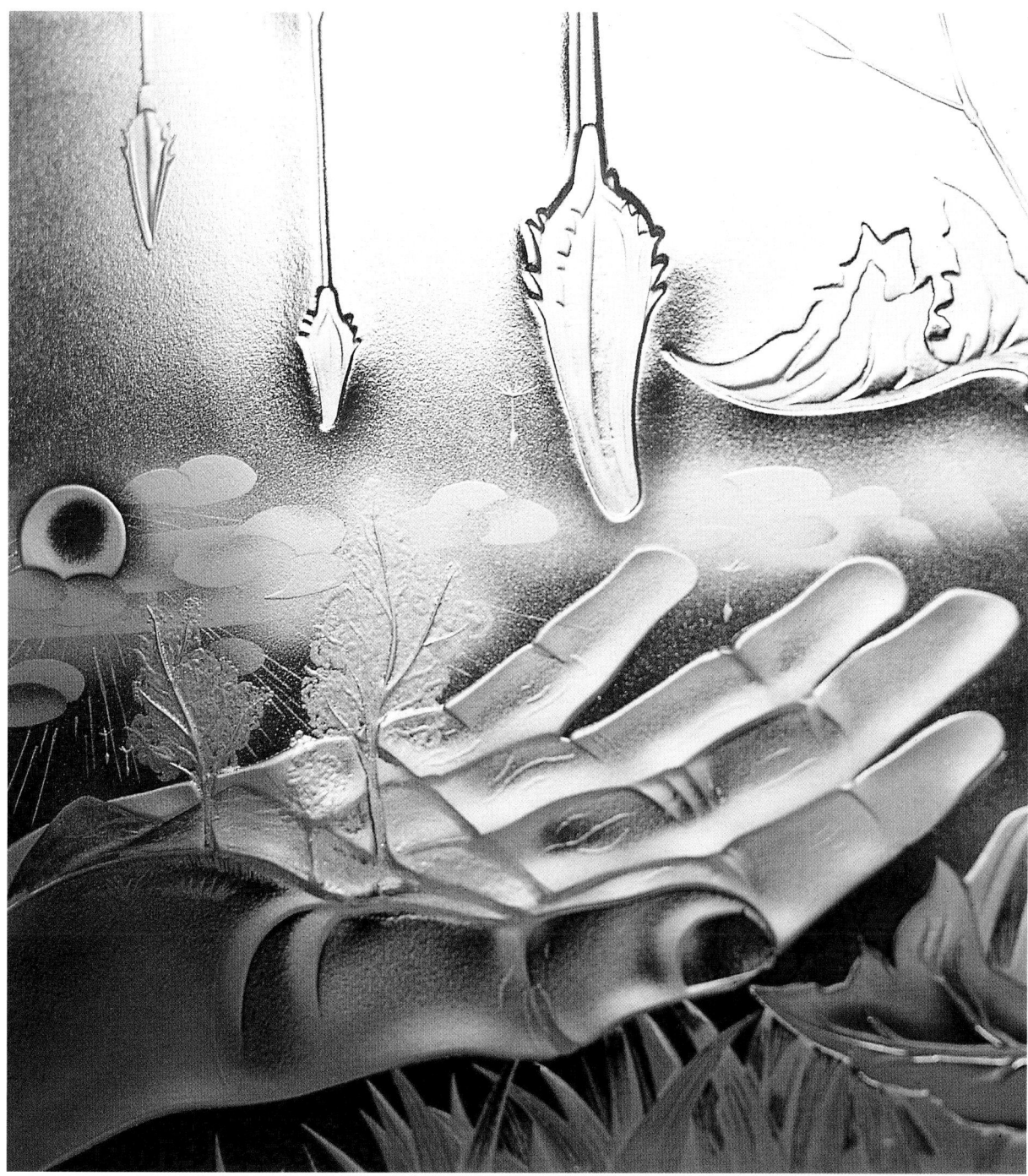

*Leichtigkeit und Ver-
gänglichkeit: Glaskunst
vermag Stimmungen
gut einzufangen, hier
beispielsweise einige
Attribute des Sommers
auf einer offenen
Handfläche.*

Maximilian Schmidt (1832–1919, siehe Eschlkam) beschrieb vor hundert Jahren die Glasmacher genau: „Die Hüttengebäude sind meistens nur aus Gebälk und Brettern aufgebaut, deren hohe Schindeldächer große Öffnungen zum Hindurchdringen des Rauches enthalten und über welchen so viele gemauerte Schlote hervorragen, als im Innern des sehr einfachen Gebäudes sich Öfen befinden. Die Hüttenleute teilen sich nach den ihnen bei der Fabrikation zukommenden Arbeiten in: Glasmacher, Gesellen oder Eintrager, Schmelzer, Schürbuben, Holzspreißler, Holzträger, Pochermann, Hafenmacher und Schreiner, deren Bestimmung aus ihrer Benennung hervorgeht. Außerdem sind in der Hütte je nach ihrer Beschaffenheit: Glasschneider, Glasschleifer, Glasmaler, Formschneider, Modelleure etc. Die Glasmacher sind Meister, deren Anzahl sich nach der Größe der Hütte richtet. Jeder Glasmacher hat auf seine Kosten einen Gesellen, den Eintrager oder Eintragbuben. Die Bezahlung der Glasmacher geschieht in Spiegelfabriken nach dem Zoll, in Hohlglasfabriken nach dem Stück, und sie können sich dieselben monatlich 100–150 fl. und noch mehr verdienen. Sie sind meist verheiratet und wohnen, wie erwähnt, in der Nähe des Fabrikgebäudes in kleinen Häusern, welche ihnen der Hüttenherr nebst einigen Grundstücken pachtweise überlässt. Trotz ihres guten Verdienstes ersparen sich jedoch nur wenige etwas, denn die Glühhitze der Öfen, der sie fortwährend ausgesetzt sind, bringt immer auch einen ewigen Durst mit sich und der unvermeidliche Bierkrug spielt daher eine große Rolle. Der allseits bekannte Spruch: ‚Man spricht von vielem Trinken stets, doch nie vom großen Durste‘ ist denn auch niemals unangebracht".

In den berühmten Landtafeln Apians (1531–1589) sind erstmals Glashütten des bayerischen Grenzlandes erfasst. Rot umrandete Spiegelsymbole verwiesen auf Spiegelglashütten, grüne Nuppenbechersymbole zeigten Hohlglashütten an. Philipp Apian (Bienewitz mit bürgerlichem Namen) war von Berufs wegen Geograph, Kartograph und Mathematikprofessor an der Universität in Ingolstadt und führte im Auftrag des bayerischen Herzogs eine erste bayerische Landvermessung durch. Das Ergebnis seiner Landesaufnahme waren 24 Landtafeln, die erst als Holzschnitt und später als Kupferstich herausgebracht wurden. Später fügte er seinem Kartenwerk eine (lateinische) Beschreibung bei, die nach den damaligen Landgerichten geordnet war. In Apians Beschreibung sind alle Glashütten mit einem Hof eingezeichnet. Solche Glashüttenhöfe dienten der Hüttenmeister-

Ein überdimensionierter Löwenzahn, mit zwei nackten Menschen und einigen Flugsamen auf dem Fruchtstand: Glaskunst kann Assoziationen ausdrucksstark darstellen.

familie als Unterkunft und zur Versorgung. Meist fanden sich auch „kleine hölzerne Häusel", die den Glasmachern zusammen mit ein paar Tagwerk Grund eine wirtschaftliche Basis gewährten. Das zahlreiche Vieh des Glashüttenherrn hatte Weideplätze auf den Schachten mitten im Hochwald.

Das Waldglas war wegen seiner Eisenbeimengungen, die früher noch nicht zu entfärben waren, immer von grüner Farbe. Obwohl das Glas damals sehr viel teurer und für Normalverdiener kaum erschwinglich war, wurden viele Gebrauchsgegenstände daraus gefertigt. Damals wie heute war die Arbeit in der Glashütte Akkordarbeit. Das fertige Glas wurde in Körben oder Kraxen über die Grenze getragen. Das

Know-how beispielsweise für das Fertigen von Bleikristall war aus Böhmen gekommen. Heute werden alle Rohstoffe für die Glasproduktion einschließlich des Erdgases in das Regental eingeführt. Dennoch sind die Glashütten im Bayerischen Wald geblieben. Dies ist auf den ersten Blick überraschend, liegt jedoch am vorhandenen Fachwissen, das die vielen einheimischen wie aus Böhmen zugewanderten Facharbeiter bieten konnten und können. Heute ist das Glasmachen in seiner chemischen Zusammensetzung kein Geheimnis mehr (wie dies das ganze Mittelalter über der Fall war), heute besteht die Kunst vielmehr darin, „was man daraus macht".

Mitten in der Weite ein einzelnes Haus, nichts kann die Unendlichkeit des Waldmeeres besser verdeutlichen.

Die vier Quellflüsse des Regen

Die vier größten Quellflüsse haben eigene Namen, deren Präfixe auch andernorts in Bayern zu finden sind. Auch die Laber beispielsweise kennt eine Große und eine Kleine Laber, eine Schwarze und eine Weiße Laber. Die Präfixe „groß" und „klein" sind selbsterklärend, „schwarz" und „weiß" können etwas mit der Wassertiefe oder Strömungsgeschwindigkeit zu tun haben. Meist weist das Quellwasser unabhängig von den Jahreszeiten ziemlich konstante Temperaturen auf. Für unsere Vorfahren waren Quellen immer wichtige Orte, beispielsweise huldigten die Kelten dort oft der Erdmutter. Auch das Christentum schaffte es nicht, solch ein Kultdenken um den Mythos Quelle abzuschaffen, ja im Gegenteil, manche Wallfahrtskapelle befindet sich an solchen Orten Leben spendenden Wassers (siehe Heilbrünnl).

Der Große Regen – Bayerisch Eisenstein, Falkenstein, Ludwigsthal

Die Quelle des Großen Regen liegt im heutigen Tschechien und überquert bei **Bayerisch Eisenstein** die Grenze. Dieses Eisensteiner Tal verdankte seinen Namen dem Abbau von Eisenerzen. Hier hatte der Eiserne Vorhang über ein gutes halbes Jahrhundert als unnatürliche Barriere auseinander geschnitten, was jahrhundertelang zusammengehört hatte. Diese politische Grenze hatte sogar den Bahnhof geteilt und mit einem Stacheldrahtverhau kalte Realpolitik gemacht. Der flache Grenzpass war vorher immer eine gerne benutzte Verbindung nach Böhmen gewesen, die als *Via Beomorum* einen eigenen Namen hatte. Erst 1764 wurde in einem bayerisch-böhmischen Vertrag der politische Grenzverlauf festgelegt. Eisenstein („Bayerisch Häusl") hatte sich erst mit dem Bau der Eisenbahn als Bayerisch Eisenstein so richtig entwickelt und damit ein Gegenstück zum Böhmisch Eisenstein geschaffen. Bayerisch Eisenstein wurde eine Waldgemeinde, noch heute besteht das Gemeindegebiet zu über 90% aus Wald. Der Staatsvertrag zwischen Bayern und Österreich hatte 1851 die Grundlage der Bahnverbindung zwischen München und Prag geschaffen, die jedoch wegen starker Steigungen und enger Bögen niemals ihre zugedachte Bedeutung als kürzeste Verbindung zwischen den beiden Städten erlangte. 1877 wurde der deutsch-österreichische Bahnhof errichtet, das Empfangsgebäude wurde mit seinem Mittelbau genau auf der Grenze errichtet. Dazu musste eine Viertel Million Kubikmeter Boden bewegt werden. An das Mittelgebäude schlossen sich zu beiden Seiten die Gebäudeflügel der beiden Bahngesellschaften an. Bayerisch Eisenstein war damals zugleich der höchstgelegene bayerische Grenzbahnhof (724 m). Dieses an sich moderne, grenzüberschreitende Denken aus der Zeit der österreichischen Monarchie wurde jedoch in den Zeiten des Kalten Krieges mit dem Eisernen Vorhang mitten durch den Bahnhof bitter „bestraft", Bayerisch Eisenstein wurde zum „geteilten Bahnhof". Gut 50 Jahre lang war die Bahn, die eigentlich verbindet, in Bayerisch-Eisenstein mit Brettern vernagelt und mit Stacheldraht geteilt. Erst heutzutage queren wieder Züge die bayerisch-tschechische Grenze. So wächst auch hier zusammen, was über die Jahrhunderte zusammengehört hatte und 1945 zerschnitten wurde.

Etwas weiter flussabwärts war die Seebachschleife zunächst ein Standort für Glasmacher, heute ist sie ein belieb-

tes Ausflugsziel. Hier wurde die Wasserkraft des kleinen Seebachs genutzt, bevor dieser in den Großen Regen mündet.

Weiter regenabwärts wurde **Ludwigsthal** 1826 zum Zentrum eines neuen Seelsorgesprengels; Namensgeber der Gemeinde wurde der damals frisch gekrönte bayerische König Ludwig I. (1825–1848). Die neuromanische Kirche nennt ein prächtiges Bildprogramm ihr Eigen, deren Atmosphäre wesentlich von byzantinisch wirkender Ausmalung bestimmt ist: Der Bilderzyklus im dunklen Kircheninneren, an dem der Künstler insgesamt sieben Jahre

arbeitete, thematisiert das ewige Heil, das Gott dem Menschen zugesagt hat. Bei Ludwigsthal mündet der Kolberbach, dessen enge Mäanderschleifen erst Ende des 19. Jahrhunderts begradigt wurden. Man wollte damals das ganze Bachbett zur Verbesserung der Holztrift verengen. Ein beschleunigter Wasserabfluss und eine zunehmende Eintiefung des Bachbetts waren die zwangsläufige Folge. Bei einem mittleren jährlichen Niederschlag von rund 1400 mm und einem Einzugsgebiet von rund 39 km² konnten sich immer wieder dynamische Hochwasser entwickeln. Heute

Der Grenzort Bayerisch-Eisenstein lag gut fünfzig Jahre lang am Ende der Welt, als der Eiserne Vorhang eine undurchlässige Grenze bildete und sogar den Bahnhof zweiteilte. Heute ist die Grenze durchlässig und jahrhundertealte Wege können wieder zusammenwachsen.

versucht man die Eingriffe der Vergangenheit unter dem Dach der „Allianz der Nationalparkgemeinden" wieder rückgängig zu machen. Ein ursprünglich 990 m langer Abschnitt wurde in diesem Zusammenhang auf rund 1400 m verlängert und sechs Mäanderschleifen des alten Bachverlaufs wieder hergestellt. Oft wird bei solchen Maßnahmen vergessen, dass Renaturierungen auch beträchtliche Grunderwerbskosten nach sich ziehen, Natur also im wahrsten Sinn des Wortes mit Steuermitteln wieder „freigekauft" werden muss. Das Bachbett wurde aufgeweitet und die ursprünglich zur Uferbefestigung ausgeräumten großen Steine wieder zurückversetzt. Erste Hochwasser haben inzwischen schon begonnen, ein Bachbett mit steilen

Uferböschungen und Kiesbänken auf der Innenseite der Mäander auszuformen.

Der **Große Falkenstein** (1315 m) bildet als dominante Waldkuppe das Bindeglied zwischen dem Nördlichen und dem Südlichen Bayerischen Wald. (Andere Unterteilungen sprechen vom Oberen, Mittleren und Unteren Bayerischen Wald.) Es ist der Hausberg der Zwieseler. Diese waren es auch, die um 1770 eine Vorläuferhütte des heutigen Schutzhauses abbauten und mit 14 Fuhrwerken nach Zwiesel transportierten, um „den dortigen Bierausschank sowie das liederliche Treiben der Jugend fernab des Ortes zu unterbinden". Diese Maßnahme war jedoch nur von kurzer Dauer, musste doch schon wenige Jahre später erneut eine Schutzhütte gebaut werden, um im

Bayerischen Erbfolgekrieg 1777 vor den damals feindlichen Österreichern gewappnet zu sein. Die Berghütte wurde bald auch zu Freizeitzwecken genutzt, zumal vor etwa 100 Jahren rund um den Falkenstein bereits Naturschutzgebiete ausgewiesen wurden; beispielsweise ist das Höllbachgspreng das älteste Naturschutzgebiet des gesamten Bayerischen Waldes. Der Höllbach stürzt dort in einigen Kaskaden mehrere steile Felsbastionen hinunter; manche vermuteten hier gar den Eingang zur Hölle. Die immer wieder vorkommende Schwefelflechte mit ihren markanten gelblichen Farbtönen hatte solche Assoziationen wohl unterstützt. Der Wanderweg durch das Höllbachgspreng dürfte wegen seiner ursprünglichen Umgebung zu den meist begangenen im gesamten Bayerischen Wald zählen. Das riesige geschlossene Waldgebiet zwischen Falkenstein und Rachel wurde über die Jahrhunderte ja intensiv genutzt, nur kleine Reste entzogen sich einer wirtschaftlichen Nutzung (etwa an der Mittelsteighütte, am Kleinen Falkenstein oder dem Rukowitzschachten); sie sind heute naturbelassene Kerngebiete des Nationalparks. Manchmal durchbrechen auch einzelne Schachten wie kleine Inseln das endlose Baummeer, früher nutzte man diese zur Rinderhochweide vor allem von Zwiesel aus. Sie dienten ausschließlich der Viehmast und nicht der Milchwirtschaft. Die Waldhirten waren den ganzen Sommer über bis in den Herbst hinein auf sich allein gestellt (siehe Mühlhiasl). Die Weidenutzung dieser waldfreien Areale im ansonsten geschlossenen Waldgebiet wurde erst in den 1960er Jahren aufgegeben.

Der Kleine Regen – Frauenau, Flanitz, Klingenbrunn und Zwiesel

Der Kleine Regen entspringt in 1190 m Meereshöhe im Schachtenfilz zwischen Bärenkopf (1158 m) und Großer Rachel (1453 m) knapp jenseits der tschechischen Grenze. Der Rachel ist hier der dominante Berg, der mit nur drei Metern Höhenunterschied dem Großen Arber durchaus ebenbürtig ist. In den Eiszeiten reichte das Gletschereis bis hinab nach Frauenau. Heute überwindet das Quellwasser schnell mehrere hundert Höhenmeter und erreicht bei 767 m Meereshöhe die Trinkwassersperre bei Frauenau. Im Höchstfall können hier knapp 22 Millionen m³ Wasser gestaut und zunächst am weiteren Abfluss in das Tal gehindert werden. Trotz relativ hoher Niederschlagsmengen ist der Bayerische Wald ein so genanntes Grundwassermangelgebiet, da der Granit- und Gneis-Untergrund wenig zerklüftet ist und daher größere wasserspeichernde Bodenschichten fehlen. Dadurch wird in der Regel nur ein kleiner Teil des Niederschlags zurückgehalten. Dies hatte früher in Trockenzeiten Trinkwasser immer wieder zur Mangelware gemacht, vor allem weil die Quellschüttungen meist schnell zurückgingen. Zur Bauzeit in den 1970er Jahren war der Hauptdamm mit über 80 m Höhe der höchste Steinschüttdamm Bayerns. Er wurde nahezu vollständig mit dem Ausräummaterial des späteren Stauraums gebaut; dadurch ließen sich lange Transportwege für diese Baumaßnahme vermeiden. Die Gesamtkosten betrugen dennoch rund 70 Millionen Euro. Der Stausee sammelt Wasser aus gut 30 km² Einzugsgebiet, Vorsperren an beiden Zuläufen halten Treibholz und Laub zurück. Zum Schutz des Trinkwassers dürfen in der Uferzone die Wanderwege nicht verlassen werden. Am Ende des Stausees fließt das Wasser über den zentralen Entnahmeturm zu einer Turbine mit einem Jahresarbeitsvermögen von drei Gigawattstunden; schließlich wird das Wasser des Kleinen Regen im nahen Flanitz zu Trinkwasser aufbereitet. Da der Stausee mit 767 m vergleichsweise hoch liegt, kann das gesamte Versorgungsgebiet über ein natürliches Gefälle erreicht werden. Bei der Stauseeplanung ging man von einem mittleren Abfluss von rund einem m³/Sekunde aus; bei einem so genannten 100jährlichen Hochwasser können es gut fünfzigmal so viel sein.

Die Trinkwassertalsperre Frauenau staut das Wasser des Kleinen Regen. Die kahlen Uferflächen zeigen dem kundigen Beobachter, dass es sich um ein Gewässer mit stark schwankendem Wasserspiegel handelt.

Den Namen hat der Frauenauspeicher vom alten Glasmacherort **Frauenau**, der um 1300 vom Kloster Niederaltaich aus gegründet wurde. Ein Laienbruder begann Rodungen im „Tal der Wilden Au". Bald darauf bauten die Degernberger eine hölzerne Kapelle, zu der sich schnell eine lebhafte Wallfahrt entwickelte; der Talgrund hieß fortan „Unserer Lieben Frauen Aue". Nach einer Landschenkung der Degernberger ließen sich Kolonisten nieder und bauten ein erstes Gemeinwesen auf. Das Gemeindewappen verweist mit dem roten Lindenzweig auf die Degernberger, die seinerzeit eng mit den Poschingern verbunden waren, deren Namen über die Jahrhunderte für Glasproduktion stand. Diese Tradition besteht heute noch und bezieht inzwischen wieder böhmische Glaskunst im neuen grenzüberschreitenden Denken mit ein. Seit mehreren Jahren bringt die internationale Sommerakademie für „GlasKunst" alljährlich Künstler aus dem „Kopf-, Hand- und Kunstwerk" zusammen.

Der Ort **Flanitz** ist nach dem gleichnamigen Bach benannt, der von der Wasserscheide bei **Klingenbrunn** kommend zum Kleinen Regen stößt. Klingenbrunn markiert die Wasserscheide des Schwarzen Regen zur Großen Ohe, einem wichtigen Quellfluss der Ilz. In der Talwasserscheide kommt es regelmäßig zu landesweiten Kälterekorden, wenn sich hier aufgrund geographischer Besonderheiten viel kalte Luft sammeln kann. Klingenbrunn war lange Zeit ein Standort so genannter Wechselhütten, also Glashütten, die immer in der Nähe ausreichender Waldvorkommen betrieben wurden. Eine lapidare Notiz eines Pfarrers Mitte des 17. Jahrhunderts umschreibt den kurzen Lebenslauf eines Hüttenherrn: „Geheirathet, gehaust und verhaust (in Klingenbrunn) und gestorben".

Der Ortsname **Zwiesel** verweist auf den Zusammenfluss des Großen und Kleinen Regen (*Zwi* = zwei, *sel* = Rinnsal). Ab hier spricht man vom Schwarzen Regen. Im Ortsnamen

an der Flussgabel sehen manche Autoren auch eine Doppelbedeutung in der Gabelung der beiden Handelswege nach Böhmen, des Bayernwegs und des Gunthersteigs. Der Reichtum des Orts kam über Jahrhunderte hinweg aus dem Wald: „Fein Glas und gut Holz / sind Zwiesels Stolz" ist denn auch der entsprechende Schülerreim! Marktrechte bestanden schon im 15. Jahrhundert, und lange Zeit war es der einzige Ort mit einem Braurecht im bayerisch-wittelsbachischen Hinteren Bayerischen Wald. Die Lage an einer der vier Salzstraßen nach Böhmen schuf eine gute wirtschaftliche Basis. Auch der dreischiffige, neugotische „Dom des Bayerischen Waldes" mit seinem 86 m hohen Backsteinturm unterstreicht diese Bedeutung. Die Architektur mit den schlanken, gelb getünchten Gewölben lehnt sich eng an die Hochgotik an. Das Zwieseler Waldmuseum gibt einen Eindruck vom früheren Leben im Wald und der Tradition des Glasmachens in der Region. Die staatliche Fachschule für Glasindustrie und die Schottwerke zeigen die Bedeutung der Glasproduktion, die den Ort nach wie vor prägt. In den Schottwerken können in einem 24-Stunden-Tag durchaus bis zu 200 000 Gläser die Fließbänder verlassen. Pro Monat können so einige Millionen Kelche, Gläser oder Schalen zusammenkommen.

Mit dem Bayerischen Wald wird natürlich auch der Waldprophet Mühlhiasl oder Waldhiasl assoziiert, der eine allseits düstere Zukunft vorhersagte und bei Land und Leuten derart bekannt war, dass heute noch seine Worte überliefert sind. Manche Autoren vermuten Matthias Lang (1753–1806) hinter diesem Weltuntergangspropheten, obwohl man zugeben muss, nicht allzu viel über ihn zu wissen. Andere erkennen Matthias Stromberger in ihm, der im Schmelzerbuch der Rabensteiner Glashütte genannt ist. Der Mühlhiasl war wohl in der Mühle des Klosters Windberg bei Bogen angestellt und dort kurz vor der Säkularisation (1802) entlassen worden; anschließend hatte er sich als Hirt

Buchenau inmitten einer Rodungsinsel nahe der bayerisch-tschechischen Grenze.

und Aschenbrenner in Rabenstein bei Zwiesel durchgeschlagen. Er muss bei seinen Zeitgenossen einen bleibenden Eindruck hinterlassen haben. Seine Prophezeiungen wurden von Generation zu Generation weitergegeben und erst später gelegentlich aufgeschrieben: „Die Donau herauf werden eiserne Hunde bellen. Im Vorwald wird eine eiserne Straße gebaut, und wenn sie fertig ist, geht es los [der große Krieg]. ... Alles nimmt seinen Anfang, wenn ein großer weißer Vogel oder ein Fisch über den Wald fliegt. Dann kommt der Krieg und noch einer, und dann wird der letzte kommen. ...

Vom Osten her wird er kommen und im Westen aufhören. ... Er wird nicht lange dauern. Es wird so schnell gehen, dass kein Mensch es glauben kann, aber es gibt viel Blut und Leichen. Es wird so schnell gehen, dass einer, der beim Rennen zwei Laib Brot unterm Arm hat und einen davon verliert, sich nicht darum zu bücken braucht, weil es mit einem Laib auch langt. ... Die Rotjankerl werden auf den neuen Straßen hereinkommen. Aber über die Donau kommen sie nicht. ... Man wird Sommer und Winter nicht mehr auseinander kennen und die Sonne wird nicht mehr scheinen.

Im verschneiten Regen zeigen sich die gewachsenen, engmaschigen Strukturen der Altstadt besonders profiliert.

Denn alles hat ein End, auch diese Welt." Manches ist ihm sicherlich in den Mund gelegt worden. Es ist jedoch leicht einsichtig, dass man in den Zeiten des Kalten Kriegs und der Angst vor einem Atomkrieg für viele Aussagen des Mühlhiasl schnell und gern Zusammenhänge konstruierte. Vielleicht ist auch sein Satz Legende, „wenn bei meiner Leich' nichts Besonderes passiert, dann brauche keiner seinen Worten glauben". Den Aufzeichnungen nach hatte sich beim Leichenzug wirklich ein Rad vom Leichenwagen gelöst, so dass der Sarg sich öffnend auf die Straße fiel und der Hiasl sich ein letztes Mal seinen Zeitgenossen zeigte, die ihn oft für einen „nichtsnutzigen Sinnierer" gehalten hatten.

Der Schwarze Regen – von Regen bis zum Höllensteinsee bei Blaibach

Die Stadt **Regen** liegt am Schwarzen Regen. Sie verdankt ihre Gründung um das Jahr 1070 den Mönchen von Rinchnach. Der alte Ortskern der Rodungssiedlung Regen ist halb vom Schwarzen Regen umschlossen, der Marktplatz von alten Bürgerhäusern gesäumt. Die Stadtpfarrkirche St. Michael vereinigt viele Baustile, da sie immer wieder umgebaut und erweitert wurde, beispielsweise entstammt der romanische Wehrturm einer ehemaligen Friedhofsbefestigung, das Langhaus der gotischen Bauphase, die Altäre dem Barock, eine Neubauerweiterung den 1960er Jahren; die derzeit letzte Neugestaltung des Kircheninnenraums liegt nur wenige Jahre zurück. Die gotische Spitalkirche dagegen erscheint in einem architektonisch einheitlicheren Licht. Spitäler waren mildtätige Stiftungen in Form von Krankenanstalten, Pflegeheimen oder christlich geführten Armenhäusern. Im späten Mittelalter erforderte Krankenpflege hohe Räume (und gute Lüftung). Die Spitalkirchen erlaubten möglichst allen Kranken den Blick auf den Hochaltar,

Die Burgruine Weißenstein wurde erstmals als „castrum Weizzenstain", also als Burg „auf dem weißen Stein", erwähnt. Sie scheint mit dem zackigen Felsenkamm des Pfahls verwachsen zu sein und markierte als Höhenburg über Jahrhunderte hinweg eine strategische Sicherung des Handelswegs von der Donau nach Böhmen.

schließlich schrieb man der Stärkung der seelischen Kräfte eine sehr große Heilkraft zu. Stiftungen dieser Art sollten die auf Erden verrichteten guten Taten beim Eintritt ins Jenseits mit den begangenen Sünden aufwiegen.

Generell hatte die Stadt Regen wegen der großen räumlichen Nähe zur „ewigen Rivalin" Zwiesels über Jahrhunderte hinweg immer wieder Probleme. Die letzten großen Auseinandersetzungen wurden in den 1970er Jahren um den Sitz des Landkreises ausgetragen. Regen erhielt als die etwas größere Kommune den Zuschlag. Nahezu jeder Ort des Regentals hatte in den ersten Nachkriegsjahren eine drastisch gestiegene Einwohnerzahl zu verkraften war; viele heimatvertriebene Flüchtlinge fanden in Grenznähe ein erstes Dach über dem Kopf und versuchten trotz immenser

wirtschaftlicher Probleme in Grenznähe zu bleiben, weil sie die Hoffnung auf eine Rückkehr in ihre angestammte Heimat nicht aufgeben wollten.

Eine überregionale Besonderheit Regens ist das Pichelsteinerfest; es wurde erstmals am Kirchweih-Montag 1874 gefeiert. Initiatoren waren vier Bürger beim Hofwirt in Regen (ein Bäckermeister, ein Bürstenfabrikant, ein Holzhändler und ein Zeugschmid), so steht es zumindest im „Grundbuch für die Gesellschaft Büchelsteiner". Beim Bergfest hatte die Wirtin ein warmes Essen aus einem einzigen Gang kreiert, das leicht auf den Berg zu befördern war und bei dem man auf Messer und Gabel verzichten konnte. Dreierlei gedünstete und geschmorte Fleischwürfel sowie Gemüse, Kartoffeln, „Grünzeug" und Gewürze waren die

Kurz oberhalb von Regen ist der Schwarze Regen aufgestaut. Die Straße auf der einen Seite und die Eisenbahn auf der anderen zeigen die Enge des Tals auf.

35

Zutaten des Eintopfs. Eine andere Ursprungsversion des Pichelsteiners bezieht sich auf die Zeit des Österreichischen Erbfolgekriegs (1742–45), als eine Bäuerin marodierende Panduren bekochen musste. Da sie nur Kraut und Rüben und ein wenig Fleisch zur Verfügung hatte, habe sie dies in ihrer Not in einem großen Kessel gekocht, der an einem Haken über dem Feuer hing (Pichel genannt). Eine dritte Version bezieht sich auf die Wirtin Auguste Winkler aus Grattersdorf, die dieses Gericht 1847 für eine Feier auf dem Büchelstein zusammengestellt hat, einem 860 m hohen Berg im Lallinger Winkel; durch sprachliche Angleichung sei aus dem Büchelsteiner schließlich der Pichelsteiner geworden. Wie das Gericht auch immer entstand, es wird von seinen Liebhabern zu den „100 berühmtesten Rezepten der Welt" gezählt und zudem wegen der kurzen Zubereitungszeit und einfachen Zubereitung gerne gewählt.

Rinchnach ist im frühen 11. Jahrhundert aus einer Gründung des Einsiedlers Gunther hervorgegangen und war über die Jahrhunderte hinweg ein wichtiges klösterliches Zentrum der Region. Ritter Gunther hatte als Sohn eines Reichsgrafen um die erste Jahrtausendwende im Zuge der damaligen allgemeinen Weltuntergangsstimmung beschlossen, Mönch und Einsiedler zu werden. Er trat als Laienbruder in das Kloster Niederaltaich ein und wurde bald danach Eremit im Wald. Später gründete er zusammen mit Gleichgesinnten das Kloster Rinchnach. Durch reiche kaiserliche Stiftungen entstand mitten im Wald ein Zentrum der Kolonisierung und Christianisierung: Beispielsweise erhielt das Kloster im Jahre 1029 rund 340 km² Grund und Boden geschenkt. Gunther selbst zog hochbetagt weiter nach Böhmen, wo er eine Einsiedlerklause baute und dort auch starb. Die erste Kirche in Rinchnach wurde 1019 geweiht, rund 400 Jahre später folgte ein gotischer Neubau. Nach Brandschatzung durch ungarische Regimenter gleich zu Beginn des Spanischen Erbfolgekriegs (1702–1714) kam es

schließlich zu einem barocken Wiederaufbau, Baumeister war der berühmte Johann Michael Fischer (1692–1766) aus Burglengenfeld. Er schaffte es, die vorgegebene spätgotische Mauerhülle im Inneren mit Nischen und Eckabrundungen fast in ein Oval aufzulösen und ein barockes Raumerlebnis zu schaffen. Die mit Fresken ausgestattete Kuppel bildet dabei einen reizvollen Kontrast. Manche Autoren sprechen denn auch vom schönsten Gotteshaus des Bayerwaldes. Zu diesem Eindruck trägt auch der spätgotische Kreuzgang des ehemaligen Klostergebäudes bei. In Sichtweite des Orts markiert eine kleine Wallfahrtskapelle mitten im Wald, kurz Frauenbrünnl genannt, die Eremitenbleibe des hl. Gunther, in der er den ungewöhnlich strengen Winter 1011 verbracht haben soll. Der rechteckige Kirchenbau stammt aus dem Jahr 1766 und beeindruckt mit frisch restaurierten Deckengemälden, beispielsweise der „Heimsuchung Mariens" oder „Gunthers Sterbestunde".

Der Ortsname **Bischofsmais** sagt viel über die Gründungsgeschichte aus: Maißung ist ein alter Name für Rodung, Bischofsmais war also eine von einem Bischof veranlasste Rodung; sie liegt am Hermannsbach, einem Zubringer zur Schlossauer Ohe, die bei Regen in den Regen mündet. In der Ortsnähe findet sich das Waldheiligtum St. Hermann, das auf einen Laienbruder des Klosters Niederaltaich zurückgeht der um 1300 in der Region gewirkt hatte. Eigentlich sind drei Kirchenbauten vorhanden: Die hölzerne Einsiedeleikapelle, die runde Brunnenkapelle und die eigentliche Wallfahrtskirche. Viele Votivtafeln und hölzerne Gliedmaßen-Opfergaben zeugen von einer langen Wallfahrtstradition. Die Brunnenkapelle steht direkt über der Hermannsquelle, die nach der Sage der Heilige dem Boden entlockt hatte. Die nahe Burgruine Weißenstein markiert den Pfahl und erlaubte als Höhenburg über Jahrhunderte hinweg eine strategische Sicherung des Handelswegs von der Donau nach Böhmen. Die Burg besteht aus zwei Teilen, einem viereckigen, vierge-

Gleich drei Kirchen finden sich in St. Hermann: Eine hölzerne Einsiedeleikapelle, eine runde Brunnenkapelle und die eigentliche Wallfahrtskirche.

Die Rieslochwasserfälle unterhalb des Großen Arber sind die größten des Bayerwaldes.

schossigen Wohnturm und der eigentlichen Anlage. Die verschiedenen Gebäude sind eng hintereinander gereiht, was sich leicht aus dem extrem reduzierten Platzangebot auf dem äußerst schmalen Felsenriff erklären lässt. Die erste bekannte Urkunde erwähnt ein „castrum Weizzenstain", also eine Burg „auf dem weißen Stein"; diese bezog ihren Namen aus dem hellglänzenden Kristall des Pfahls, mit dessen zackigem Felsenkamm sie wie verwachsen erscheint. Besitzer der Burg waren lange Zeit die Ritter von Degenberg. Sie häuften im Laufe der Zeit umfangreichen Besitz an, besaßen

Glashüttenvogteien und Bergbaurechte, hatten hohe Ämter inne und verwalteten große Gerichtsbezirke. Sie wurden daher zu den Anführern des „Ritterbundes der Einhörner", der 1468/69 den so genannten Böcklerkrieg gegen den bayerischen Herzog auslöste. Diese Kraftprobe ging gründlich daneben und die Burgen der beteiligten Ritter einschließlich Weißenstein gingen in Flammen auf. Weitere Zerstörungen folgten im Dreißigjährigen Krieg durch marodierende Schweden und im Österreichischen Erbfolgekrieg (1742) durch die Panduren des berüchtigten Obristen Franz von

Trenck, einem geborenen Italiener in ungarischer Uniform. Im 20. Jahrhundert bewohnten Siegfried von Vegesack (1888–1974) und seine Frau Clara Nordström (1886–1962) den Burgturm und verfassten dort eine ganze Reihe von Werken, darunter Romane wie das Fressende Haus. Heute kommt mit dem Gläsernen Wald eine weitere Form von Kunst hinzu.

Die Rieslochwasserfälle an der Südostflanke des Großen Arber sind die größten des Bayerwaldes. Der Riesbach stürzt über einige Felsschwellen und Steinbrocken in einen klammartigen Einschnitt. Besonders nach größeren Regenfällen oder zur Zeit der Schneeschmelze tost es hier derart, dass feine Wasserschleier die Luft erfüllen können. Das nahe **Bodenmais** (oder *Bommoas* im Bayerwalddialekt) war früher ein wichtiger Bergwerksort, der vom nahen Silberberg lebte. Dieser wegen seiner Form auch manchmal „Bischofsmütze" titulierte Berg war lange Zeit der Schicksalsberg für Bodenmais, da die „gefreite Bergstatt" den Bewohnern manche Freiheiten einräumte, die Bergleute aber auch meist früh an Staublungen sterben ließ. Der Bergbau nach Bleiglanz, Zinkblende, Schwefel- und Kupferkies ist schon lange eingestellt, doch das unterirdische Stollenwerk gibt es noch. Es zieht alljährlich Tausende von Touristen an. Des Weiteren soll die hohe Luftfeuchtigkeit im Stollen Linderung für Asthmaleidende bringen. Zusätzlich überwintern Tausende von Fledermäusen im stillgelegten Bergwerk.

Die geologische Barriere des Pfahls (siehe vorne) zwingt den Fluss bei der Stadt Regen zu einer scharfen Kehrtwendung nach Norden. Hier nimmt der Regen die kleine Schlossauer Ohe von Bischofsmais kommend auf. Anschließend verengt sich das Regental immer mehr und weitet sich erst bei Teisnach kurzzeitig wieder etwas auf. Viel später wird der Regen bei Thierlstein den Pfahl kreuzen können. In **Teisnach** war vor 125 Jahren die Wasserkraft des Regen der

wirtschaftliche Grund für die Ansiedlung einer Papierfabrik, damals wurde zum Antrieb der Turbine Flusswasser in einen neun Meter tiefen Stollen geleitet. In den Gründungszeiten war Holzschliff das wesentliche Ausgangsprodukt für Papier; zwei Holzschleifereien direkt am Regen lieferten das Rohprodukt. Bald hatte das Teisnacher Papier einen guten Ruf, zumal man durch ein spezielles Dämpfungsverfahren des Holzes die Papierqualität steigern konnte. Besonders das so genannte Braunholzpapier war weltweit erfolgreich und

wurde unter anderem bei der Produktion von Schrot-Patronen, Feuerwerkskörpern und sogar Zigarren eingesetzt. Heute verlassen jährlich rund 32 000 Tonnen Papier die Fabrik, man konzentriert sich erfolgreich auf anspruchsvolle Spezialprodukte beispielsweise für die Industrie oder für Lebensmittelverpackungen. Die Palette der produzierten Spezialpapiere reicht von flammhemmender bis wasserdichter Ausführung. Hinzu kommen Recycling-Spezialpapiere, die zu 100% aus Altpapier gewonnen werden. Teisnach ist ein

Der Standort der Teisnacher Papierfabrik wurde durch die Nutzungsmöglichkeit der Wasserkraft des Regen bestimmt.

Bodenmais lebte einst vom Bergbau im nahen Silberberg (linke Seite).

41

In der Abendstimmung scheinen die Wellen der Berge des Bayerischen Waldes unendlich in den Horizont zu wachsen.

lehrreiches Beispiel der wirtschaftlichen Entwicklung entlang des Regen, in der eine einzige Fabrik aus einem „armen Flößernest" ohne Kirche, Schule und Gemeindeverwaltung einen ansehnlichen Ort machte. Bis dahin mussten die „überzähligen Kinder" immer in der Fremde ihr Auskommen suchen, der Wald konnte sie nicht ernähren.

Der Burgstandort **Kollnburg** entstand zur Sicherung der Handelsstraße nach Böhmen. Als Dienstmannsburg der Grafen von Bogen sollte sie durch gezielte Rodungstätigkeit zwischen der Donau und Viechtach ein geschlosse-

nes Territorium aufbauen helfen. Im bereits genannten Böcklerkrieg wurde die Burg gestürmt und im Dreißigjährigen Krieg von den Schweden vollends zerstört. Die Burgruine befindet sich am Ortsrand auf einem Felsen, der von einem Mauerring trapezförmig umschlossen wurde. Auf den unteren Schlossbauten wurde Ende des 19. Jahrhunderts der Pfarrhof errichtet und der frühere Burggraben eingeebnet. Ein spitzförmiges Tor gibt den Zugang zur Hauptburg mit dem Bergfried frei. Dieser dient heute als Aussichtsturm.

Der Turm der Altnuß-
berger Burgruine
ermöglicht heute eine
gute Fernsicht. Vor 550
Jahren war die Festung
im Böcklerkrieg in
Flammen aufgegan-
gen.

Viechtach am Pfahl liegt hoch über einer Talschleife des Schwarzen Regen. Der staatlich anerkannte Luftkurort sieht sich als heimliche „Kulturhauptstadt" des Bayerischen Waldes.

Die Gläserne Scheune im einsam gelegenen Raubühl ist ein kleines, einmaliges Gesamtkunstwerk. Drei großflächige Glaswandarbeiten stellen ausdrucksvoll Themen des Bayerwaldes dar, des grimmigen Wolfes, des Räubers Heigl und des Waldpropheten Mühlhiasl.

Auch **Neunußberg** ist ein typisches Beispiel einer Dienstmannsburg aus dem Hochmittelalter, auch sie ging im Böcklerkrieg in Flammen auf. Für die Nußberger war diese Katastrophe gleichzeitig der Anfang ihres Endes, 100 Jahre später waren alle ihre Besitzungen in wittelsbachisch-bayerischer Hand. Der heutige Rest des wuchtigen, viereckigen, 25 m hohen Wohnturms ermöglicht nicht nur eine weite Fernsicht, sondern bietet in den Sommermonaten auch die Kulisse der regionalen Festspiele.

Viechtach wird gerne als Stadt am Pfahl bezeichnet, da hier der quarzige Felsenkamm in seiner schönsten Formation zu sehen ist. Die Stadt wurde wohl schon in karolingischer Zeit vom Kloster Metten an einer Furt durch den Schwarzen Regen gegründet. Urkundlich fassbar wurde der Ort 1104 in einer Schenkung des Grafen von Bogen, damals war von *Vidaha* die Rede. Daher feierte Viechtach 2004 das 900-jährige Gründungsfest. Der Ort war im Mittelalter gleichzeitig die größte Pfarrei des Bayerwaldes, was vielleicht auch der Grund für die drei schönen Kirchen Viechtachs ist: Die gotische Spitalkirche Hl. Geist, die spätgotische St. Annakirche und die Rokokokirche St. Augustinus. Das nur neun Quadratmeter große unterirdische Beinhaus von St. Anna war mit den Gebeinen von 300 bis 400 Toten belegt. Des Weiteren fanden sich dort zwei Dutzend Kleinmünzen aus der Zeit vor 1634, die auf den Brauch der Totenmünzgabe bei der zweiten Bestattung in einem Karner hinweisen. Eine deutlich jüngere Besonderheit Viechtachs ist die Gläserne Scheune im einsam gelegenen Raubühl, einem heutigen Ortsteil Viechtachs. Hier hat der Glasmaler Rudolf Schmid die Lebensgeschichte des Bayerwaldpropheten Mühlhiasl (siehe vorne) in ausdrucksvollen Glasbildern dargestellt. Ein zweites großes Glasgemälde widmet sich einer anderen Bayerwaldlegende, dem Räuber Michael Heigl (1816–1857), der in der Bevölkerung als Volksheld verehrt wurde, da seine Raubzüge zumindest in den ersten Jahren bevorzugt reichen Bauern und Dorfpfarrern galten.

Der gut fünf Kilometer lange **Höllensteinsee** wurde in den Jahren 1923–1926 angelegt, als man die Entscheidung zum Aufstauen des Schwarzen Regen umsetzte. Er zählte damals zu den größten Stauseen Bayerns, die zum Zweck der Stromgewinnung entstanden. Zur Verwirklichung des Kraftwerks wurde 1923 in Straubing die „Kraftwerk am Höllenstein"- Aktiengesellschaft gegründet. Mit der Flutung des Stausees war es auch endgültig mit der Flößerei vorbei, nachdem im Jahr zuvor das letzte Floß von Viechtach nach Regensburg gebracht wurde. Mit dem Bau des Stauraumes wurden auch gleichzeitig die immer wieder schwankenden Wassermengen ausgeglichen. Die Stauhöhe des Höllensteinsees beträgt 18 m, drei Turbinen liefern durchschnittlich pro Jahr 3,5 Millionen Megawatt Strom. Der nachfolgende Blaibachsee ist jüngeren Datums (1963); er dient als Ausgleichsee und soll das aus dem Höllensteinsee kommende Wasser gleichmäßig dem Schwarzen Regen zuführen.

Der Höllensteinstausee stammt aus den 1920er Jahren. Sein Bau bedeutete das Aus für die Flößerei auf dem Regen. Bei Viechtach kann der Schwarze Regen den Pfahl noch nicht durchbrechen, sondern biegt nochmals nach Norden ab (linke Seite).

Der Weiße Regen – vom Kleinen Arbersee bis Kötzting und Weißenregen

Am Nordhang des **Großen Arber** entspringt in rund 920 m Meereshöhe im Kleinen Arbersee der Weiße Regen. Von den beinahe sechzig Bayerwaldgipfeln über 1000 m Höhe ist die abgestumpfte Pyramide des Großen Arber mit 1457 m der höchste. Auch der Kleine Arber bringt es noch auf 1384 m. Beide Gipfel sind erdgeschichtlich deutlich älter als jeder Al-

pengipfel. In den letzten Eiszeiten hatte dabei ein mehrzungiger Gletscher den Lamer Winkel bis teilweise auf 500–800 m Meereshöhe gefüllt. Der Kleine Arbersee markiert beispielsweise ein solches Gletscherzungenende und zeigt den beträchtlichen Höhenunterschied von den Gipfelregionen bis zu den Endmoränen. Der *Arwa* (wie er im Volksmund ausgesprochen wird) ist außerhalb der Alpen die höchste Erhebung in Bayern. Sein Name hat über die Jahrhunderte auch viele Änderungen durchgemacht. 1040 hieß er *Hadauich*, in einer Schenkungsurkunde aus dem Jahr

1279 *Adwich*, eine andere nannte ihn *Hadanit*. Aventinus sprach 1512 vom *Aetwa*. In den Baierischen Landtafeln von Philipp Apian ist der Berg als *Aetwam* eingezeichnet und der Arbersee als „see an dem aetwa" benannt. Der Name könnte aus dem Keltischen kommen und „hoher Berg" bedeutet haben (im Gälischen bedeutet *ard* „hoch, Höhe"). Unstrittig bayerisch wurde der Arber erst durch den Vertrag mit Österreich aus dem Jahre 1764, der den Grenzverlauf mit Böhmen endgültig festschrieb. Heute verläuft die Bezirksgrenze von Oberpfalz und Niederbayern zwischen dem Gro-

ßen und dem Kleinen Arber. 1816 wurde in der Nähe des Gipfelkreuzes die Arberkapelle erbaut, deren Kirchweihtag seither alljährlich am Bartholomäustag, dem 24. August, gefeiert wird.

Heutzutage ist der Arbergipfel nicht mehr wegen des Grenzverlaufs umstritten, sondern vielmehr wegen der intensiven Freizeit- und militärischen Nutzung. Schon in den 1950er Jahren hatte die US-Besatzungsmacht eine Radarstation und Truppenunterkunft auf dem Gipfel geplant, jedoch wegen der aufkommenden Fremdenverkehrsinteres-

Der Große Arbersee ist der meist besuchte See im Bayerischen Wald. Der vordere Teil ist touristisch erschlossen, der hintere steht mit der 400 m hohen Seewand unter Naturschutz.

sen wieder davon abgelassen. Erst in den allerletzten Jahren des Kalten Krieges setzten die Militärs eine überdimensionierte Radaranlage auf dem Gipfel durch, um den Flugverkehr im Ostblock zu überwachen. Der Kalte Krieg ist schon längst vorbei, die Anlage „ziert" jedoch weiterhin den Gipfel! Es ist zu hoffen, dass sich mittelfristig doch noch eine Friedensdividende abzeichnet und das Militär den Berg räumt. Die Freizeitnutzung des Arber wird aber bleiben.

Hierfür werden Liftanlagen immer noch leistungsfähiger werden und wärmer werdende Winter noch mehr künstliche Beschneiungsanlagen erfordern. Die ständig zunehmende Nachfrage der Winterfreizeitgesellschaft wird den Eigentümer des Gipfels, das Haus Hohenzollern im schwäbischen Sigmaringen, zu immer weiteren Investitionen verleiten. Gerade am Arber wird daher die Ökonomie ihre Stärke gegenüber der Ökologie ausspielen können: Zwar liefern

Der einsam gelegene Kleine Arbersee mit den schwimmenden drei Schwingmooren speist den Weißen Regen.

51

Der Luftkurort Lam, eine beliebte Sommerfrische am Osser.

Photovoltaikanlagen an der Arberliftbahn „sauberen" Strom, jedoch müssen Beschneiungsanlagen für künstlichen Schnee sorgen und die Hänge für den Andrang der großen Massen vorbereiten. Gerade im Winter wird daher der Arber der geplagte Diener der Freizeitindustrie bleiben.

Die beiden Arberseen unterhalb des Gipfels sind so genannte Karseen, also Relikte der Eiszeit. Der gut sieben Hektar umfassende **Große Arbersee** liegt auf 935 m Meereshö-

he und kann bis zu 16 m tief sein. Er ist wegen seiner guten Zugänglichkeit der meist besuchte See des bayerischen Waldes. Sein hinterer Teil steht unter Naturschutz, der vordere ist touristisch erschlossen. Ein Volkslied beschreibt den See folgendermaßen: „Hoch vom Arber schau i runter / schau i runter auf den See / und ich seh ihn tief da drunten / tief da drunten von der Höh / dunkle Tannen ihn umrauschen / sich einander Größe tauschen / und die Seewand steil und jäh / spiegelt sich im Arbersee." In der jüngeren Vergangenheit war der See einmal „entfilzt" und die freie Wasserfläche etwas vergrößert worden. Direkt am hinteren Ufer steigt die fast 400 m hohe Arberseewand empor.

Der **Kleine Arbersee** mit knapp zweieinhalb Hektar liegt im eigentlichen Quellgebiet des Weißen Regen (der Geigenbach aus dem Großen Arbersee speist den Großen Regen). Er ist vom Hochwald umschlossen und liegt in herrlicher Einsamkeit. Moränenwellen erinnern an mehrere Eiszeiten ebenso wie Findlingsblöcke mit Gletscherschliffen. Eine Besonderheit sind drei schwimmende Grasinseln, die als so genanntes Schwingmoor im See treiben. Diese Inseln bestehen aus verfilztem Pflanzenwerk mit kleinen Bäumen, deren Wurzelwerke die Pflanzendecke zusammenhalten; die Inseln werden durch Wind und Wetter auf der Seeoberfläche hin und her getrieben. Schlingrasenbildung ist ein typischer Vorgang bei der langsamen Verlandung von Gewässern. Die Moorfilz-Inseln hatten sich zu Zeiten der Holztrift durch das Aufstauen des Sees vom Ufer gelöst. Die scheinbare Idylle täuscht jedoch über die beträchtliche Versauerung des Seewassers hinweg, ein Tribut des ganzen Bayerischen Waldes an die Luftverschmutzung vor allem aus den Ballungszentren im Westen und Nordwesten der Republik.

Der Brennessattel (1031 m) bildet den niedrigsten Übergang vom Lamer Winkel hinüber zum Tal des Großen Regen. Vor dem Bau der Scheibenstraße nach Bayerisch Eisenstein in den 1920er Jahren war das Tal des Weißen Regen ein vom Arbermassiv abgeschlossenes Tal ohne Durchgangsverkehr. Die erste größere Siedlung im Tal des Weißen Regen besteht im alten Pfarrdorf Lam am westlichen Abhang des Osserstockes. Der Große und Kleine Osser (1293 m und 1266 m) prägen mit ihrer charakteristischen spitzen Form die Kulisse des Lamer Winkels. **Lam** selbst wurde von Benediktinermönchen aus Rott am Inn gegründet, eine entsprechende Urkunde sprach von *Lomn*. Dass nach den verheerenden Jahren der Hussiteneinfälle das Tal nicht ganz aufgegeben wurde, lag wohl am Bergrecht, das im 15. Jahrhundert von den bayerischen Herzögen verliehen wurde. Als der Silberbergbau längst aufgegeben war, kam schließlich über den Fremdenverkehr neue Wirtschaftskraft in das Tal, vor allem als 1893 von Kötzting aus eine Nebenbahnstrecke eröffnet wurde.

Das Künische Gebirge ist ein alter Begriff für den königlichen Wald beiderseits des Osser-Bergstocks. Er stammt aus der Zeit, als „Künische Freibauern" den böhmischen Grenzwald rodeten und sich ansiedelten. Diese *Künischen* rodeten als freie Siedler einen Waldstreifen zwischen dem Land der Grafen von Bogen und dem der Přemislyden in Böhmen; sie waren keine Leibeigenen wie die Bauern andernorts und durften sogar eigene Gerichte abhalten. Sie kamen aus der Oberpfalz und Niederbayern, aus Schwaben und dem Schwarzwald sowie aus dem Waldviertel in Oberösterreich. Sie waren zunächst die eigentlich Leidtragenden des bayerisch-böhmischen Erbfolgestreits um das Erbe der Grafen von Bogen gewesen. Im Jahr 1242 war der letzte Graf von Bogen ohne Nachkommen gestorben und der böhmische König Ottokar II. wollte das Land an sich reißen (er belagerte in diesem Zusammenhang sogar Regensburg erfolglos). Im Verlauf dieser Auseinandersetzungen konnten die Siedler ihre bisherigen Freiheiten gegen den neuen böhmischen Grundherrn behaupten. In Bayern wurden sie daher nicht ohne Neid die Künischen genannt, d. h. die königlichen Bauern („Niemands Herr und Knecht/ das ist künisch Bauernrecht"); sie waren keiner Grundobrigkeit unterworfen, die andernorts beispielsweise Heirat und Berufswahl der Untertanen bestimmte. Erst 1848 erübrigten sich diese Privilegien, als nach der Märzrevolution die Grunduntertänigkeit endgültig Geschichte wurde. Heute, schon bald im dritten Jahrzehnt nach dem Fall des Eisernen Vorhangs, steht dieser Begriff erneut für eine gemeinsame Vergangenheit diesseits und jenseits der Grenze. Folgerichtig haben sich unter diesem Namen elf Kommunen beiderseits der Grenze in einem Aktionsbündnis zusammengeschlossen; unter dem Leitbild „Zwei Welten – eine Region" werden ausgewählte Entwicklungsanstrengungen grenzüberschreitend koordiniert.

Der Lamer Winkel zählte über ein halbes Jahrtausend zu einem der aktivsten Bergbaugebiete Bayerns. Das Lamer Wappen weist mit Schlegel und Schaufel auf diese Vergangenheit hin. Aufgrund günstiger geologischer Bedingungen konnte hier nach Silber- und Bleierzen gegraben werden, auch Flussspat, Quarz und Feldspat ließen sich bergmännisch gewinnen. Mehr als ein dutzend Bergwerke bestanden über die Jahrhunderte hinweg, eines davon ist heute als Besucherbergwerk zugänglich. Diese Fürstenzeche wird vor allem auch als Heil- und Therapiestollen zur „Reinstlufttherapie" genutzt. Die Stollengänge sind zum Teil eng verwinkelt, mussten sie doch den komplizierten geologischen Gegebenheiten folgen. Besucher können dabei in 47 m Tiefe auch den Arbeitsort der früheren Bergleute besichtigen.

Die gotische Kirchenburg **Kötzting** diente einst als Kirche, Friedhof und Burg. Solche Befestigungen waren im späten Mittelalter durchaus üblich, vor allem in den unsicheren Grenzregionen Ostbayerns. Die turmbesetzte Wehrmauer ist noch erhalten. Überregional ist Kötzing wegen seines Pfingstritts bekannt, der heute größten berittenen Bittprozession der Welt. Dieser geht auf das Jahr 1412 zurück, als der Kötztinger Pfarrer zu einem Sterbenden nach Steinbühl gerufen wurde, sich jedoch nicht zu kommen traute. Daraufhin begleiteten mehrere junge Burschen den ängstlichen Pfarrer auf seinem Versehgang und gelobten nach ihrer Heimkehr eine jährliche Wiederholung des Ritts. Jedes Jahr reiten seither zu Pfingsten Wallfahrer in alten Trachten auf aufwändig geschmück-

ten Pferden den Weg von damals nach. Der Pfingstritt wird als das älteste und schönste kirchliche Heimatfest des Bayerischen Waldes bezeichnet. In der Wallfahrtskirche in Steinbühl findet die Feier des Reitergottesdienstes statt. Diese dem hl. Nikolaus geweihte Kirche besitzt einen schönen Rokokoaltar und eine hufeisenbeschlagene Eingangstüre. Nach der Rückkehr der Prozession nach Kötzting wird dem Pfingstbräutigam feierlich auf dem Stadt-

Die Kirchenburg von Kötzting, direkt am weißen Regen gelegen.

Im Vogelflug über Kötzting.

Abendhimmel über der Wallfahrtskirche Weißenregen.

platz das Pfingstkränzchen überreicht. Der Erwählte muss ledig, katholisch und in Kötzing wohnhaft sein. Dieses „Pfingstkranzl" ist eine filigrane Goldarbeit und geht in seiner Tradition auf ein Fruchtbarkeitsritual in germanischen Zeiten zurück. Neu ist das „Bad" im Ortsnamen von Kötzting. Ende 2005 wurde die Stadt Kneippheilbad und heißt seitdem „Bad Kötzting".

Die freistehende Wallfahrtskirche Mariä Himmelfahrt in **Weißenregen** befindet sich schon nahe am Zusammenfluss des Weißen und Schwarzen Regen. Der Ort wurde 1094 vom Kaiser an das Kloster Niederaltaich verschenkt. Die Wallfahrt entstand um ein Marienbild, das den calvinistischen Bildersturm der Reformation in Nabburg überstanden hatte und schließlich hierher gelangt war. Besonders berühmt ist die „Weißenregener Fischerkanzel" des Kötztinger Bildhauers Johann Paul Hager (in ganz Europa gibt es nur rund zwei Dutzend solcher Schiffskanzeln). Sie wird gerne als die schönste in ganz Bayern bezeichnet. Der Kanzelkorpus stellt die Seitenwand eines hochbordigen Kahns dar, aus dem sich zwei Apostelfischer beugen und das Netz einziehen. In üppigen Plastiken wird ein reicher Fischfang dargestellt; unterhalb des Netzes sieht man Jonas, wie er gemäß der Legende gerade von einem Wal verschlungen wird. Das geschichtsträchtige Symbol der Fischer aus der Gründerzeit des Christentums wird mit dem Bild der Kirche als Schiff verbunden, das seine Gläubigen sicher durch das gefahrvolle Weltenmeer bringt. Gottvater persönlich stützt ganz oben den Schiffsmast ab. (Der Fisch steht in der griechischen Buchstabenfolge ICHTYS für die Begriffe des gesalbten Gottessohns.) Gleichzeitig wird mit der Kanzel die denkwürdige Seeschlacht bei Lepanto (1571) in Beziehung gebracht, in der das christliche Europa vor muslimischer Invasion gerettet wurde; der verantwortliche Flottenführer dieser entscheidenden Schlacht war damals Don Juan de Austria,

der ja am Regen, nämlich in Regensburg, das Licht der Welt erblickt hatte. Damit wird auch der Bezug der Entscheidungsschlacht gegen die Türken im fernen Mittelmeer zur Region deutlich. Obwohl damals 260 osmanische Schiffe gegen 211 Schiffe der Heiligen Liga antraten, wurde ein glänzender Sieg für die christliche Seite daraus.

Der Jahrestag dieses denkwürdigen 7. Oktobers wurde in der Folge zum alljährlichen Feiertag der Republik Venedig, schließlich hatte diese Seeschlacht das westliche Mittelmeer abendländisch bleiben lassen und der türkischen Expansion erstmals den Nimbus der Unbesiegbarkeit genommen.

Die Weißenregener Fischerkanzel gilt als die schönste in ganz Bayern.

Wallfahrtskirche Mariä Himmelfahrt in Weißenregen.

61

Das Tal des Regen

Miltach, Runding und Chammünster

Kurz unterhalb von Kötzting mündet der Weiße in den Schwarzen Regen. Damit verlieren beide Flüsse ihre Zunamen, und von nun an ist bis zur Mündung in die Donau nur mehr vom Regen die Rede. **Miltach** liegt an einer scharfen Flussbiegung und besitzt ein schönes Schloss mit 13 Fensterachsen. Es war lange Zeit eine Hofmark, die als kleinste Verwaltungseinheiten in Bayern eine Sonderregelung genossen. Hofmarken hatten ihren Ursprung im Jahre 1311 in der finanziellen Not des bayerischen Herzogs Otto III., als dieser die zerrütteten Landesfinanzen wieder ins Lot bringen musste. Einige Jahre vorher hatte er die ungarische Königskrone geerbt, sein Erbe in Ungarn jedoch trotz hohem Kapitaleinsatz nicht durchsetzen können. In der *Ottonischen Handfeste* musste er daher gegen gutes Geld einen Teil seiner Herr-

Schloss Miltach mit seiner dominanten Lage am Regenufer war Jahrhunderte lang eine Hofmark mit weit reichender Selbstständigkeit.

schaftsrechte an Adelige, Klöster oder Städte abtreten. Die Landstände bekamen damals weitreichende Rechte, beispielsweise konnten ohne ihre Zustimmung keine (zusätzlichen) Steuern erhoben werden. Dieses erkaufte Privileg währte immerhin ein gutes halbes Jahrtausend (bis 1848), und für manche Autoren waren Hofmarken denn auch „Staaten im Staat". Schloss Miltach hatte trotz dieser Sonderstellung viele Besitzer, unter anderem auch den Walddichter und Volksschriftsteller Maximilian Schmidt (siehe Eschlkam), der zwischen 1872 und 1875 Eigentümer war, bevor er es an einen Münchner Bankier weiter verkaufte.

Die einst stolze Burg **Runding**, mit 15 000 m² Gesamtfläche die umfangreichste ihrer Art im Bayerischen Wald, wur-

de erst im 19. Jahrhundert ruiniert; schnöder Kommerz war die Ursache. Der letzte Burgherr musste im September 1829 seine gesamte Herrschaft Runding in einer Versteigerung für ganze 233 000 Gulden dem bayerischen Staat überlassen, er war bankrott. Damals bestand die Bausubstanz aus Vor- und Hauptburg, einer hohen Ringmauer und ausgedehnten Wirtschaftsgebäuden. Im Hauptgebäude gab es unter anderem einen großen Rittersaal und eine gotische Burgkapelle. Der bayerische Staat war hauptsächlich an den ausgedehnten Waldungen interessiert und veräußerte die Burg Runding mit allem Zubehör an einen Münchner Bankier. Dieser witterte ein goldenes Geschäft, ließ die Burggebäude sukzessive abreißen und mit der Bausubstanz landwirtschaftliche Ge-

bäude errichten. Sogar die Kapelle verkaufte er auf Abbruch. Die mittelalterliche Burg, die Philipp Apian (1531–1589) auf seinen Baierischen Landtafeln abgebildet hatte und die im Dreißigjährigen Krieg nicht einmal die Schweden hatten einnehmen können, endete als Steinbruch, nur weil ein ohnehin schwerreicher Mann namens Jakob (von) Hirsch noch ein bisschen reicher werden wollte. Heute sollen konzentrierte Erhaltungsmaßnahmen den immer noch imposanten Rest der Bausubstanz retten. Mit Steuergeldern von Bund und EU sowie Mitteln für Arbeitsbeschaffungsmaßnahmen werden ausgedehnte Sicherungsarbeiten durchgeführt. Erklärtes Ziel ist die Schaffung eines archäologischen Freilicht-museums, das sich der großen Vergangenheit Rundings annehmen soll.

Die alte Hofmark **Zandt** ist zumindest im Schloss noch präsent. Es dominiert auch im Wappen als silbernes Schloss auf dem grünen Dreiberg. Die Anlage umschließt einen trapezförmigen Hofraum, in dem nichts mehr auf einstige Wehrhaftigkeit hinweist. Das Ganze vermittelt jedoch den Eindruck einer geschlossenen Hofmarksherrschaft. Erst 1848 wurde die Hofmarksverfassung aufgehoben, es gab danach keine Hofmarken mehr und damit keine Patrimonialgerichte oder Dienstleistungen der Untertanen. Mit dem Verlust des Privilegs verfiel auch der Besitz: Von ehemals

ausgedehnten Ländereien waren 50 Jahre später nicht einmal mehr drei Tagwerk Grund übrig, der Rest war auf die verschiedensten Besitzer verteilt. 1949 kam schließlich eine neue Nutzung für Schloss Zandt, als es dem Bayerischen Roten Kreuz überlassen wurde; der letzte Besitzer hatte es gegen ein lebenslanges freies Wohnrecht und eine monatliche Leibrente von 100 Mark überschrieben. Heute ist in den Gebäuden ein Senioren- und Pflegeheim untergebracht, dessen Slogan „ein ganzes Schloss für einen neuen Lebensabschnitt" treffender nicht sein könnte.

Die Walburgakirche auf dem **Lamberg** steht auf einer frühgeschichtlichen Ringwallanlage. Auf der Kuppe sollen schon die Kelten ihren Göttern gehuldigt haben. Die Wallfahrtskirche hat eine wechselvolle Geschichte. Beispielsweise wurde sie in der Reformationszeit kurzerhand abgerissen, weil man den „Katholizismus und Aberglauben des Wallfahrens" abschaffen wollte. Als die Oberpfalz nicht einmal 100 Jahre später wieder katholisch war, wurde eine neue Kapelle gebaut. Nach dem Ende des Dreißigjährigen Kriegs hielten sich hier beispielsweise an einem einzigen Sonntag

Das Wandbild an der Walburgakirche kündet von der (letzten?) Bärenjagd der Region.

Bei Chameregg hat der Regen noch viel Platz im Tal, wenn er in weiten Schwingen seine Schleifen zieht.

6000 Pilger auf. Die Säkularisation (1802) brachte eine erneute Zerstörung, aber schon 1832 setzten Chamer Bürger die Kirche wieder in Stand. Heute wird in alter Tradition am 1. Mai das Lambergfest gefeiert.

Chammünster zählt zu den ältesten Klostergründungen Bayerns. Der Name dürfte sich von der nahen Chamb ableiten. Das Kloster geht im weiteren Sinne auf den bayerischen Herzog Odilo zurück, der hier dem Regensburger Kloster St. Emmeram im Jahre 739 rund 50 km² Land schenkte. Man gründete bald darauf am Zusammenfluss von Chamb

und Regen eine „cella ad chambe". Chammünster diente dabei als vorgeschobener Missionsposten und als Versorgungsstation für Kaufleute. Nachdem die Missionierung Böhmens abgeschlossen war, holte Bischof Wolfgang die Mönche wieder nach Regensburg zurück und machte Chammünster zur „inkorporierten Pfarrei" des Hochstifts Regensburg. Damals umfasste diese Urpfarrei „alles Land zwischen Blaibach und Schönthal mit einer weiten Grenze zu Böhmen". Die heutige spätgotische Kirche steht also auf alten Fundamenten. Es sind denn auch verschiedene Bau-

Chammünster war einmal ein vorgeschobener Missionsposten am Zusammenfluss der Chamb mit dem Regen. Verschiedene Baustile in der Klosterkirche zeigen dem kundigen Besucher die lange Geschichte des Ortes.

Chammünster besitzt einen Karner mit vielen Totenschädeln, der im Mittelalter den Gebeinen aus aufgelassenen Gräbern eine letzte Bleibe bot.

stile miteinander vereint: romanische Chorteile sind mit dem dreischiffigen gotischen Langhaus verschmolzen und der reich ornamentierte Hochaltar stammt aus der Rokoko-Zeit um 1770. In der Nordostecke des Friedhofs befindet sich der Karner, ein Tonnengewölbe mit vielen Totenschädeln. Solche Beinhäuser (oder *Ossuarien*) waren im Mittelalter nicht selten, als man die Gebeine aus aufgelassenen Gräbern in eigenen Gebäuden aufbewahrte. Als Grund für diesen Brauch wird allgemein die frühere Kirchenvorschrift angesehen, Tote nicht übereinander zu bestatten. Über dem Beinhaus befand sich ursprünglich eine Katharinenkapelle, die in der Reformationszeit verloren ging. Auch das Beinhaus war bis ins 19. Jahrhundert vergessen, bis man die „Gewölbe vollgepfropft mit Gebeinen" wieder aufdeckte. Man zählte rund 5000 Schädel, die der Verwesung widerstanden hatten. Der nahe Ödenturm ist der letzte Rest der Burg Chameregg, dessen kleiner granitener Wohnturm ein typisches

Merkmal romanischer Burgsitze ist. Gewölbeansätze für vier Stockwerke sind ebenso noch zu sehen wie der hochgelegte Einstieg.

Die Chamb und die Further Senke

Das Regental und die Further Senke sind markante Einschnitte im ostbayerischen Grundgebirge. Die 51 km lange Chamb nimmt unter den zahlreichen Nebenflüssen des Regen wegen ihrer Länge und ihres Wasserreichtums eine Sonderstellung ein. Sie entspringt in Tschechien östlich des Dorfes Hirschau (*Hyršov*) in Böhmen. Nach sechs Kilometern trifft die Chamb auf die bayerische Grenze. Sie weist ein geringes Gefälle auf, fließt meist nur langsam und mäandriert stark; der Name Chamb könnte daher auf das keltische *kambos* („krumm, gewunden") zurückgehen. Die

Wasserführung kann je nach Jahreszeit und Niederschlagsmenge beträchtlich schwanken; bei Niedrigwasser sind dies nur wenige 100 Liter /Sekunde, bei Hochwasser kann es dagegen die fünfhundertfache Menge werden. Man sollte sich also von dem kleinen Flüsschen nicht täuschen lassen, es kann sogar die breite Cham-Further-Senke überschwemmen. Die bislang größte Wassermenge wurde im Juli 1954 mit 60 800 Liter/Sekunde gemessen.

Die geographische Grenzlage zu Böhmen hat die bayerischen Herzöge schon früh bewogen, **Furth im Wald** („Vurte") als Grenzfestung auszubauen. Furth ist zwar gut 900 Jahre alt, weist aber auch wegen zahlreicher Grenzkriege kaum ältere Gebäude auf. Das neugotische Rathaus mit dem markanten Stadtturm wurde nach dem letzten großen Stadtbrand um 1865 aus den Resten des ehemaligen Schlosses errichtet. Es ist das Wahrzeichen der Stadt und wurde an Stelle des herzoglichen Pflegschlosses erbaut. Furth ist heute überregional hauptsächlich wegen des Drachenstichs bekannt („Furth wird leben, so lange der Drache stirbt"). Mit einer mehrhundertjährigen Geschichte gilt der Drachenstich als das älteste religiös-mystische Volksschauspiel Deutschlands (eine erste Erwähnung ist 1590 fassbar). Ein strahlender Ritter Udo muss einen feuerspeienden Drachen besiegen, das Gute siegt über das Böse und befreit damit die Menschheit. In der Apokalypse ist das Böse ein Drache, der in der Tradition des Drachentöters Georg sterben muss. Die Handlung des „Further Drachenstichs" spielt während der Hussitenkriege zu Beginn des 15. Jahrhunderts; das bis vor kurzem gültige Skript war von Josef Martin Bauer (1901–1970) geschrieben, der sich mit seinem Kriegsheimkehrer-Roman „Soweit die Füße tragen" einen Namen gemacht hatte. Der

Die Chamb schlängelt sich wie ein dünner, mäandrierender Wasserfaden durch die Wiesen zwischen Furth und Cham.

Drache ist heute ein motorgetriebenes Monstrum, das innerhalb einer Saison mehr als zwei Dutzend Mal sterben muss. Pläne für einen neuen, 17 m langen und 3 m breiten Drachen liegen in der Schublade und warten auf das Geld zur Verwirklichung; er soll trotz fünf Tonnen Gewicht wie ein richtiges Reptil auf vier Beinen laufen, sich aufbäumen und den Kopf nach hinten werfen können. Seit 2006 steht eine neue Fassung des Drachenstichs auf dem Spielplan, die sich auch mit den mythologischen und religiösen Ursprüngen der Drachen auseinandersetzt.

Der **Drachensee** ist ein neuer Hochwasserspeicher, der seinen Namen vom Further Drachenspiel hat. Der künstliche See mit dem Geburtsdatum 2007 wurde aus der Furcht vor den Hochwassern der kleinen Chamb geboren (siehe auch Seite 119). Die Chamb weist hier zwar nur einen Mittelwasserabfluss von gut zwei m^3/Sekunde auf, kann aber in einem so genannten Jahrhunderthochwasser auf gut 120 m^3/Sekunde anschwellen. Mit über 31 Millionen Euro Gesamtkosten erbaut, staut ein rund 20 m hoher Damm eine bis zu 175 ha große Wasserfläche an. Bei Hochwasser können rund vier Millionen m^3 Wasser zurückgehalten werden. Für den Bau des Drachensees musste die Seuchauer Mühle umgesiedelt und ein Teil der Bundesstrasse verlegt werden. Der Drachensee gliedert sich in einen (westlichen) Freizeitteil und einen (östlichen) Naturschutzteil. Letzterer muss sich in den kommenden Jahren in einer Sukzession erst noch entwickeln.

In **Eschlkam** wurde 1832 Maximilian Schmidt als Sohn eines bayerischen Zollbeamten geboren. Er ging als Wald-

schmidt in die Geschichte ein. Der Waldlerbub durfte auf das Gymnasium nach Metten und Passau gehen, begann anschließend ein Studium am Polytechnikum in München, trat dann jedoch in die bayerische Armee ein. 16 Jahre später ließ er sich krankheitshalber ausmustern (dennoch wurde er über 87 Jahre alt). Fortan lebte er mit seiner Hauptmanns-Pension als freier Schriftsteller in München. Als bekannter Volksschriftsteller setzte er in vielen Erzählungen seiner Waldheimat einen literarischen Namen. Seine Bücher wurden gerne gelesen, besonders auch von König Ludwig II. (1845–1886), der seine Anerkennung mit der Ernennung zum Hofrat zum Ausdruck brachte. Gut zehn Jahre nach dem Tod des Märchenkönigs verlieh ihm Prinzregent Luitpold (1821–1912) dann den Namenszusatz „genannt Waldschmidt". Maximilian Schmidt war ein sehr agiler Schriftsteller, gründete darüber hinaus den Bayerischen Fremdenverkehrsverband und initiierte das Trachtenfest, aus dem sich der alljährliche Einzug der Wiesenwirte am Oktoberfest entwickelte. Noch zu seinen Lebzeiten wurde ihm auf dem Riedelstein (1135 m) das Waldschmidt-Denkmal gesetzt. Heute ist die Berghütte auf dem Rachel nach ihm benannt und in Eschlkam erzählt ein kleines Waldschmidt-Museum an Hand von persönlichen Gegenständen, Urkunden und Büchern das Leben des Autors. Des Weiteren versucht man in Eschlkam nach grenzüberschreitenden Wegen, indem unter dem Dach der Kunst regelmäßige Grenzbegegnungen diesseits und jenseits des ehemaligen Eisernen Vorhang stattfinden.

Neukirchen bei Heilig Blut liegt ebenfalls nur wenige Kilometer von der Grenze entfernt; hier vereinigen sich vom Osser und Hohenbogen kommende Bäche zum Freibach. Im 14. Jahrhundert hatte der Markt die Bezeichnung „vor pehmer wald" (Neukirchen vor dem Böhmerwald). Der heutige Ortsname stammt aus der unseligen Hussitenzeit (1420–1434), als böhmische Freischärler den Ort und die

Kirche niederbrannten; ein Hussit hatte damals auch ein Marienbild mit seinem Säbel gespalten, woraufhin richtiges Blut aus der Figur geflossen sein soll. Diese Legende ließ schnell eine lebhafte Wallfahrt entstehen und Neukirchen zu einem der beliebtesten Marienwallfahrtsorte Ostbayerns werden. Die heutige Wallfahrtskirche stammt aus dem 18. Jahrhundert. Besonders auffallend sind die halbrunden, querschiffartigen Ausladungen des Kirchenschiffs. Die Grundsteinlegung zum Klosterneubau fand bereits zehn Jahre nach dem Dreißigjährigen Krieg statt, und schon 1720 wurde die Anlage durch den charakteristischen L-förmigen Flügel erweitert. Im zweigeschossigen, herzoglichen Pflegeschloss zeigt ein Museum die Entwicklung der Wallfahrt.

Neukirchen bei Heilig Blut zeugt von einer lebendigen Wallfahrt, die ihren Ursprung vor mehr als einem halben Jahrtausend in der unseligen Hussitenzeit hatte.

Cham – wo die Chamb auf den Regen trifft

Der Name der Stadt **Cham** dürfte sich von der Chamb abgeleitet haben, die hier in den Regen mündet. (Selbstverständlich wird der Ortsname Ka:m ausgesprochen und nicht Scha:m, wie es manche Norddeutsche gerne tun). Ein Reiseführer aus dem 19. Jahrhundert beschreibt die Lage folgendermaßen: „Cham … liegt in einer prachtvollen Talweitung, in deren Mitte der Regen, die Chamb und viele kleinere Gewässer dahinschlängeln". Manche Autoren leiten den Stadtnamen auch von einem „Kamm" ab und beziehen sich auf das Wappen der Stadt, das auch einen silbernen Kamm enthält. Die erste Siedlungszeit geht auf die Markgrafen von Cham zurück, deren politische Aufgabe die militärische Grenzsicherung war („Civitas Camma"). Das Chamer Stadtwappen legt mit dem Rautenmuster besonderen Wert auf die wittelsbachisch-bayerische Vergangenheit. Um die erste Jahrtausendwende erhielt man sogar das Münzprägungsrecht. Als Wahrzeichen der Stadt gilt heute

das bullige Burgtor am Regen, das im Volksmund auch Biertor heißt: Zwei starke Rundtürme mit einem Spitzdach flankieren den Tordurchlass. Die Altstadt ist an drei Seiten vom Regen umgeben und war so vor möglichen Angriffen gut geschützt. Am trapezförmigen Stadtplatz liegen die Pfarrkirche St. Jakob mit ihrem gotischen Chor sowie das Rathaus mit seinem spätgotischen Treppengiebel. Obwohl die Stadt im Österreichischen Erbfolgekrieg (1742–1745) von den berüchtigten Pandurenhorden abgefackelt wurde, weist der Stadtplatz noch ein historisches Gepräge auf.

Cham wurde 1489 zum zentralen Schauplatz einer innerbayerischen Machtprobe. Zahlreiche Burgherren des Bayerischen Waldes hatten sich zum Löwlerbund zusammengeschlossen, um gegen eine neue Landessteuer des bayerischen Herzogs zu opponieren. Dieser wollte mit dem Geld Söldner gegen den „Schwäbischen Bund" anwerben statt, wie bislang üblich, mit Rittern und Bauern in den Krieg zu ziehen. Die 46 Ritter des Bundes fühlten sich also doppelt benachteiligt, da sie einerseits hohe Steuern zahlen sollten, andererseits ihren Einfluss als Gefolgsleute (weiter) sinken sahen, weil der Herzog sich nun Soldaten je nach Bedarf kaufen konnte. Der Pfleger von Cham wurde zum Bundeshauptmann der Revolte gewählt. Man sicherte sich die Unterstützung des Pfalzgrafen und des Königs von Böhmen, bevor man zum Kampf blies. Dennoch ging am Ende alles verloren: Der bayerische Herzog schlug mit einer schlagkräftigen Armee los, ließ eine Löwler-Burg nach der anderen zerschießen, die Dörfer der Burgherren niederbrennen und ihre Bauern gefangennehmen. Schließlich mussten die aufmüpfigen Löwler klein beigeben und konnten froh sein, Teile ihres vormaligen Besitzes zu halten.

In einem Atemzug mit Cham wird gerne noch Nikolaus Luckner (1722–1794) genannt, ein Gastwirtssohn der Stadt, der es bis zum Rang eines französischen Marschalls brachte. Als jüngstes von acht Kindern sollte er ursprüng-

Die Altstadt Chams schmiegt sich in eine weite Regenschleife. Im Vordergrund ist das Wahrzeichen der Stadt, das gedrungene Biertor, zu sehen.

lich Pfarrer werden und besuchte daher das Jesuitenkolleg in Passau. Er verschrieb sein Leben jedoch bald dem Militär und verkaufte seine Dienste an die Mächtigen der Zeit. Er fuhr ganz gut damit und machte in der großen Welt Karriere: Im Siebenjährigen Krieg avancierte er zum Major, die Engländer machten ihn zum Freiherrn, die Dänen zum Grafen, die Franzosen zum General und nach der Flucht des Marquis de La Fayette (1757–1834) schließlich zum Generalissimus: Der Krieg und das Töten von Menschen war damals also einer steilen Karriere und schnellen persönlichen Bereicherung förderlich. Dass Rouget de Lisle (1760–1836) ihm im April 1792 sogar die *Marseillaise* widmete, das Kriegslied der Rheinarmee und die spätere Nationalhymne Frankreichs, zeugt von Luckners Popularität als Soldatenführer. Dennoch wurde ihm als 72-Jährigem vom Revolutionstribunal in Paris der Hochverratsprozess gemacht und das Todesurteil im Januar 1794 mit der Guillotine vollstreckt. Es half dem alten Haudegen herzlich wenig, dass das Todesurteil ein Jahr später wieder annulliert wurde!

Die wuchtigen Rundtürme des Biertors flankieren den Eingang in die Chamer Altstadt. Der Regen übernahm früher eine wichtige Funktion bei der Verteidigung der Stadt.

Abendstimmung bei Pösing am Regen.

Der Stadtrand Chams war 1959 der Drehort des Anti-Kriegsfilms „Die Brücke", in dem sieben Kindersoldaten in den letzten Kriegstagen eine strategisch völlig unbedeutende Brücke vor den anrückenden US-Amerikanern zu verteidigen hatten. Historischer Hintergrund des tiefgründigen Films war eine fast identische Tragödie auf der Bad Tölzer Isarbrücke, in der acht Minderjährige von Nazis in den Tod gehetzt wurden. Nach nur einem einzigen Tag Grundausbildung begann für die 16-Jährigen der Krieg, den sie zunächst wie ein Pfadfinderspiel auffassten und dem sie, bevor ihnen die Realität bewusst wurde, alle bis auf einen einzigen zum Opfer fielen. Auch ein amerikanischer Soldat musste dabei qualvoll sein Leben lassen. Im Abspann des beeindruckenden Schwarz-Weiß-Films heißt es über den Tod der Kindersoldaten nur kurz: „Dies geschah am 27. April 1945. Es war so unbedeutend, dass es in keinem Heeresbericht erwähnt wurde". Bei der Wehrmacht wurde niemand zur Rechenschaft dafür gezogen. Gregor Dorfmeister (Jahrgang 1929) war der einzige Überlebende der echten Brückentragödie im Jahr 1945 und hatte unter dem Pseudonym Manfred Gregor die autobiografische Filmvorlage geschrieben. Er wollte als Autor versuchen, „sein damaliges Handeln zu rechtfertigen, das ihm durch Erziehung eingeimpft worden war": An einer Stelle beschreibt er seinen Schock, als er Stunden nach der Schlacht nochmals zur nunmehr von GIs bewachten Brücke ging und sehen musste, wie eine alte Frau voll Verachtung auf einen seiner toten Mitschüler spuckte. Dem Regisseur des Films, Bernhard Wicki (1919–2000), brachte der Film schnell internationale Berühmtheit, vor allem weil er während des grausamen Sterbens mit einfachen stilistischen Mitteln schonungslos die Sinnlosigkeit des Durchhaltebefehls, den Missbrauch jugendlicher Unbefangenheit und den Aberwitz des Krieges herausarbeitete. „Die Brücke" wurde zum Anti-Kriegsfilm-Klassiker und erhielt viele Auszeichnungen. Die Drehort-Brücke in Cham gibt es heute nicht mehr.

Die Kürnburg bei Stamsried war eine mächtige Anlage mit breitem Graben, drei Höfen, Torbau und mehreren halbrunden Türmen.

Zwischen Cham und Roding

Bei **Pösing** durchbricht der Regen die schnurgerade geologische Barriere des Pfahls. Dieser einschneidende geologische Vorgang ist im Landschaftsbild jedoch kaum mehr sichtbar, verläuft doch das Regental wie eine breite, ausladende Schneise durch diese andernorts dominante Landschaftsmarke. Pösing selbst wurde 1961 deutschlandweit bekannt, als man bei Erdarbeiten in „geologisch datierbarer Lage" den „größten und schönsten Faustkeil" fand, der jemals in Deutschland ausgegraben wurde. Dieser 15 cm große „Pösinger Faustkeil" war an Ort und Stelle geschlagen und besteht aus Kreidequarzit. Er gehörte vor rund 80–100 000 Jahren (also noch vor der letzten Eiszeit) einem rechtshändigen Altsteinzeitmenschen. Damals herrschte in der Region trockenes Steppenklima.

Stamsried liegt an einem kurzen Zubringerbach zum Regen, dem Stamsrieder Bach, der in Pösing in den Regen mündet. Die nahe liegende **Kürnburg** demonstriert trotz ihres ruinösen Zustands eindrucksvoll einstige Macht. Die Burganlage zählt zu den großen Anlagen ihrer Art in der Oberpfalz und wurde 1354 erbaut. Bauherr war ein Ritter Dietrich von Kürn, Statthalter des Pfalzgrafen in der Oberpfalz. Nicht einmal 300 Jahre später kam das Aus für diese Anlage, als mitten im Dreißigjährigen Krieg der selbsternannte Herzog von Franken, Bernhard von Weimar (1604–1639), die Burg einnehmen und schleifen ließ. Dieser hatte auf diversen Schlachtfeldern eine schnelle Karriere gemacht, nachdem er ursprünglich als Elftgeborener keine Aussichten auf ein großes Erbe gehabt hatte und daher Soldat geworden war. Der Herzog war ein Herr von schwedischen Gnaden und wollte möglichst viel Land in Süddeutschland protestantisch machen. Dabei ging er über unvorstellbar viele Leichen und hinterließ in den wenigen Jahren seiner Macht eine wahre Blutspur missionarischen

Ehrgeizes. Doch er wurde nicht alt und verlor im Jahr seines grausamen Überfalls auf die Kürnburg sein Herzogtum schon wieder. Zudem verhedderte er sich schnell in den Fäden des politischen Marionettenspiels und erlag drei Jahre später französischem Gift.

Bei Burg **Thierlstein** durchbricht der Regen in einer breiten Schwemmlandschaft den Pfahl. Seit der Burg Weißenstein war er eine unüberwindbare Barriere für den Fluss, die den Regen in eine nordwestliche Fliesrichtung zwang. Die Erosionskraft des Regen hat eine derart breite Bresche in den Pfahl geschlagen, dass das bislang immer schmale und enge Tal zwischen Cham und Roding nicht wiederzuerkennen ist. Dabei ist Burg Thierlstein noch direkt auf dem Pfahl erbaut und soll früher wegen ihrer Lage „auf dem lichten Stein des Pfahls" Lichtenstein geheißen haben. Der dreigeschossige Bau aus Bruchsteinmauerwerk weist einen charakteristischen Zinnenkranz auf. Das in die freiliegenden Quarzfelsen hinein gebaute Thierlstein zählt zu den ansehnlichsten Burgen des Regentals. Der rund 40 m hohe Rundturm mit gut zwei Meter dicken Mauern

Burg Thierlstein erhebt sich dominant über den Regentalauen und markiert einen Ausläufer des Pfahls, der hier vom Regen in einer breiten Front durchbrochen wird.

Totenbretter bei Stamsried erinnern an einen jahrhundertealten Brauch im Bayerischen Wald.

stammt aus dem Mittelalter, nur der Zinnenkranz ist jüngeren Datums. Vor der Zeit der mauerbrechenden Kanonen war die Burg an der sumpfigen Regentallandschaft schier uneinnehmbar. Eine Zugbrücke und zweckmäßige Torbauten schützten den mächtigen Bergfried. Bei Bauarbeiten um die Wende zum 20. Jahrhundert war man auf einen unterirdischen Gang gestoßen, wie sie auch andernorts in der Region als so genannte Schrazelgänge von manchmal erstaunlicher Länge gefunden wurden. Ob diese in Kriegszeiten als Zuflucht dienten oder in grauer Vorzeit zum Abbau von Bodenschätzen oder ob es nur Fluchtgänge waren, wissen wir nicht. Der Volksmund bringt sie gerne mit Wichteln oder Erdmännchen in Beziehung, Schrazel ist ein alter bayerischer Name für Zwerge.

In Sichtweite der Burg wurde im 16. Jahrhundert von den Burgbesitzern der **Röthelseeweiher** angelegt. Er hatte seinen Namen wohl von den „rotwachsenden Wiesen"; ein massives Vorkommen der Buschnelke (*Dianthus seguieri*) ließ im Sommer die trockeneren Wiesenbereiche großflächig rot erscheinen. Heute steht der Röthelseeweiher unter Naturschutz und hat eine wichtige ökologische Bedeutung, indem der Natur der ganzen Region ein Rahmen für Rückzugsgebiete bereitgestellt werden soll. Im Wesentlichen finden sich im Regental zwischen Cham und Roding drei verschiedene Biotoptypen: der eigentliche Fluss, das Weihergebiet und das wechselfeuchte Grünland. Das Grünland wurde über die Jahrhunderte hinweg als Allmende – gemeinschaftlich genutztes Gut – für Viehweiden benutzt. Erst im 20. Jahrhundert wurde die Aufteilung der Allmende in Privatbesitz abgeschlossen, die Bewirtschaftung erfolgte dennoch zunächst weiterhin sehr extensiv, zumal das Auengebiet nicht einfach zugänglich war. Die einschneidenden Flurbereinigungsmaßnahmen der 1960er und 1970er Jahre (die vor allem auch die latente Staunässe nachhaltig beseitigten) ermöglichten schließlich eine intensive Nutzung der Auwiesen. Östlich von Pösing wurde dabei sogar ein großer Weiherkomplex aufgefüllt. Ein dichtes Wegenetz und ausgiebige Entwässerungsmaßnahmen verbesserten die Nutzungsmöglichkeiten mit allen negativen Folgen für die Biodiversität in den Regentalauen: Es kam zu einem drastischen Rückgang vieler bedrohter Tierarten, wohlgemerkt finanziert mit beachtlichen Steuermitteln!

Seit gut 15 Jahren gibt es das Naturschutzprojekt Regentalaue. Es soll die Lebensbedingungen für bedrohte Tier- und Pflanzenarten verbessern und vormals vorhandene Biotopelemente wie Nasswiesen, feuchte Mulden und Tümpel wieder zulassen. Nachdem also mit erheblichen Steuergeldern die Natur in der Regentalaue für die Landwirtschaftsnutzung beseitigt wurde, werden heute erneut öffentliche Gelder eingesetzt, um genau solche Blessuren wieder rückgängig zu machen! Gottlob geht man dabei auch den Weg, Flächen gleich vollständig zu erwerben, anstatt mit so genannten Nutzungsverträgen permanent den Schutz von Flächen erkaufen zu müssen. Für kritische Zeitgenossen ist es nämlich nicht einsichtig, wieso an Verursacher von Umweltschäden überhaupt Geld bezahlt wird, damit diese weniger Schaden verursachen. Es ist schließlich unser aller Pflicht und Schuldigkeit, der Natur keinen Schaden zuzufügen, und niemand sollte Steuergelder dafür erwarten dürfen, um etwas Verbotenes nicht zu tun. Das Verursacherprinzip würde ansonsten als Rechtsgrundlage unserer Gesellschaft ausgehebelt. Daher sollten die stets knappen Mittel ausschließlich für langfristige Zwecke eingesetzt werden, also beispielsweise für den Freikauf von Flächen aus der landwirtschaftlichen Nutzung, statt sie in kurzfristigen Pflegemaßnahmen verpuffen zu lassen. Trotz aller Probleme ist die Regentalaue heute (wieder) ein Kleinod der Ökologie. Rund 70% aller in Bayern vorkommenden Vogelarten können hier nachgewiesen werden, ein Drittel aller bedrohten Brutvogelarten Bayerns. Das Naturschutzgebiet zählt zu den

Die Regentalauen sind Teil eines ausgedehnten Feuchtgebiets zwischen Cham und Roding.

Großzügige Straßen-projekte sollen den Standortnachteil des Wirtschaftsraums des bayerischen Waldes beseitigen helfen, fordern jedoch durch einen großen Flächenbedarf einen sehr hohen Tribut von der Natur.

Die Altstadt von Roding liegt auf einem erhöhten Uferbereich direkt über einer engen Regenschleife.

national bedeutenden Vogelbrut- sowie Vogelrastgebieten und ist daher auch in der Schutzliste europäischer Vogelschutzgebiete (*Important Bird Area*) geführt. Ein ausdrückliches Schutzziel besteht in der Sicherung des erforderlichen Lebensbereiches einschließlich der notwendigen Nahrungsquellen und Brutgelegenheiten.

Roding weist sich schon durch das -ing im Ortsnamen als bajuwarische Siedlung aus; im Jahre 844 wurde sie als *Rotachin* erwähnt. Der Ortsname könnte sich von der „Siedlung am Regen" ableiten oder auch schlicht von „roden". Auch die romanischen Fresken in der Josephikapelle zeugen von einer langen Siedlungsgeschichte. Sie waren über die Jahrhunderte hinweg unter Deckschichten verborgen und damit in der bilderfeindlichen Reformationszeit gerettet worden. Die Fresken stellen einen Bilderzyklus der Apostelmartyrien dar, zeigen beispielsweise die Kreuzigung des Petrus und Andreas, die Enthauptung des Jakob und die Tötung des Johannes im Ölkessel. Eine weitere Bilderreihe zeigt

Pankratius mit Krone und Schwert, Johannes mit dem Buch, Margarete mit dem Drachen, Katharina mit dem Rad sowie Willibald und Gallus. Auch der Kampf Georgs mit dem Drachen und die Enthauptung von Johannes dem Täufer ist dargestellt. In der benachbarten Annakapelle ist das Totentanzfresko aus der Spätrenaissance von besonderer Bedeutung, in dessen Mittelpunkt der Tod mit der Armbrust steht. Der Künstler wies in seiner Darstellung den verschiedenen Ständen ihren Platz im Gesamtbild zu. Ein tief berührendes Detail ist die Szene einer spielenden Kinderschar, der vom Tod ein Kind entrissen wird.

In Sichtweite Rodings erhebt sich am Regenufer die Wallfahrtskirche **Heilbrünnl**; manche sprechen wegen der hoch über dem Regen gelegenen Quelle auch vom *Houchbrünl* (also Hochbrünnl). Wie der Name schon vermuten lässt, wurde dem Quellwasser im Kirchenschiff eine große Segenswirkung zugesprochen; es fließt im Kirchenraum aus einem Marmorbecken und verbreitet ein angenehmes Plätschergeräusch. Vor allem Augenkranke versprachen sich von einer Wallfahrt nach Heilbrünnl eine Heilung ihrer Leiden. Vielleicht weist der Fund römischer Münzen in Heilbrünnl auch auf eine sehr viel ältere Nutzung der Quelle hin. Die heutige farbenfrohe Rokoko-Wallfahrtskirche wurde 1732 gebaut und löste damals eine kleine Vorgängerkirche ab. Heilbrünnl war zunächst ein Wallfahrtsort ohne eine besondere Heiligenverehrung; auch vom „Brunnen der Gnade, Quell des Heils" ist die Rede. Später wurde es zunehmend zum Marienwallfahrtsort mit einem Gnadenbild im Hochaltar (eine Kopie des Bildes der Alten Kapelle in Regensburg). Mehrere Heiligenfiguren flankieren das Bild, beispielsweise der hl. Josef (mit dem Zimmermannswerkzeug), der hl. Florian als Schutzpatron gegen das Feuer, der hl. Petrus beim Fischfang oder die vier Kirchenväter. Eine Darstellung auf der Orgelbrüstung erinnert an die Wallfahrtsentstehung und zeigt die Bergung des Marienbildes

aus dem Wasser. Eine Reihe von Votivtafeln zeugt von dankbaren Gebetserhörungen. Eine Votivtafel zeigt den Einbruch der Regenbrücke im Jahre 1803, als viele Schaulustige gleichzeitig einem Eisstoß zuschauen wollten und nach dem Einsturz der Brücke nicht wenige im eiskalten Wasser landeten. Einige dieser Unglücklichen hatten ihre Rettung der Mutter Gottes von Heilbrünnl mit Votivtafeln gedankt.

Fast gegenüber von Heilbrünnl baut sich direkt am Regenufer **Regenpeilstein** mit einem mächtigen viereckigen Bergfried auf. Das „Castrum in Peilstein" tauchte schon im Hochmittelalter im herzoglichen Grundbuch auf. Die mittelalterliche Burg stammt aus dem 14. Jahrhundert und sah im Laufe der Jahrhunderte viele Besitzer; von den meisten wissen wir den Namen, da die Grundbücher offensichtlich alle Wirren der Zeit überstanden haben. Nach der Russischen Revolution 1917 wurde die Burg von baltischen Adeligen gekauft, auch um für einige Zeit als eine Art Stützpunkt für Flüchtlinge aus dem Baltikum zu fungieren („Baltisches Haus im Bayerland, schirm dich Gott mit starker Hand").

Die Wallfahrtskirche Heilbrünnl wurde an einer Quelle hoch über dem Regen erbaut.

Die Josephi-Kapelle ist zusammen mit ihrem Anbau, der Annakapelle, Rodings Urkirche aus dem frühen Mittelalter (linke Seite).

An warmen, ruhigen Sommertagen erscheint der Regen manchmal wie ein Spiegel in der Landschaft.

Der mächtige Quaderturm von Regenpeilstein markiert eine deutliche Landmarke des Mittelalters am Flussufer.

Walderbach und Reichenbach

Zwei Klöster überragen in unmittelbarer Nachbarschaft das Regental, beide sind Gründungen des Hochmittelalters. **Walderbach** war zunächst ein Augustinerchorherrenstift und später ein Zisterzienserkloster, dessen Stammkloster im französischen Citeaux lag. Solche Klöster wurden vor allem zur Rodungstätigkeit gegründet. Als Standorte für Filialen wählten die Mönche dabei meist wenig besiedelte Landstriche. Dass heute Teile der Kirche und der Klostergebäude weitgehend vom Barock geprägt sind, liegt am verheerenden Bildersturm der Reformation (1556), der wie überall in der Oberpfalz blindlings verwüstete Gotteshäuser hinterließ. Offenbar glaubte man in der Reformationszeit keine drängenderen Probleme im Land zu haben als sich über die Rechtmäßigkeit von Gottesbildnissen in Kirchen auseinandersetzen zu müssen (siehe unten)! Das Kircheninnere mit seinem schweren Rippengewölbe bietet den seltenen Anblick einer dreischiffigen, romanischen Hallenkirche. Ursprünglich war der Kirchenraum deutlich größer, bevor im 18. Jahrhundert Teile des Chors abgerissen wurden. Die rot getönten Ornamentmalereien auf hellgrauem Untergrund wurden erst 1888 aufgedeckt. Nach der Klosterauflösung in der Säkularisation (1802) wurde die Kirche zur Pfarrkirche. Im ehemaligen Klosterkonvent befindet sich heute das Kreismuseum.

Reichenbach wurde als Benediktinerkloster von den Markgrafen zu Cham-Vohburg gegründet. Die ersten Mönche kamen aus Kastl im Lauterachtal. Die Anlage gleicht mehr einer Burg als einem Kloster. Dies war besonders in den Zeiten der Hussitenüberfälle wichtig, in denen das Kloster nicht eingenommen werden konnte (das benachbarte Walderbach aber verwüstet wurde). Die Pfeilerbasilika mit dem wuchtigen Quaderwerk wurde um 1200 vollendet. Wie alle oberpfälzischen Klöster, wurde auch Reichenbach in der

Walderbach (beide Abb.) war zunächst ein so genanntes Rodungs-kloster, das die Sied-lungstätigkeit in diesem Gebiet koordinierte.

Reformationszeit aufgelöst und nach dem Dreißigjährigen Krieg im Zuge der Gegenreformation neu belebt. Im Rokoko wurde der gesamte Kirchenraum farbenfroh und in reichen Formen umgestaltet. Die Brandkatastrophe des Jahres 1959 ist der Kirche heute nicht mehr anzusehen. Wandfresken erzählen die Geschichte des Klosters. Im Orgelbereich sind die zehn Wappenschilde der in der Kirche begrabenen Adelsfamilien zu sehen. Daneben gibt es eine eigene Stifterkapelle der (Pfälzer) Mosbacher Wittelsbacherline (am Neckar). Walderbach und Reichenbach zeigen auch stellvertretend das Unglück der Säkularisation: In ganz Bayern waren 47 Abteien, 17 Propsteien und 101 Klöster aufgelöst worden, ebenso die bislang kirchlichen Territorien von Passau, Eichstätt, Augsburg, Freising, Bamberg und Würzburg. Bayern sollte durch diese Säkularisation und Mediatisierung für den Verlust der linksrheinischen Gebiete entschädigt werden, die im Frieden von Lunéville (1801) französisch geworden waren: Die Bestohlenen wurden von Napoleon zum Diebstahl gedrängt und sie griffen sofort und beherzt zu. Die Art und Weise der Umsetzung der Säkularisation muss jedoch heute noch erschrecken, wurde doch in Friedenszeiten mehr Kunst- und Kirchengut vernichtet als in allen Kriegen seither. Das aufgelöste Reichenbach fand unterschiedliche Verwendung, beispielsweise zog 1841 eine Steingutfabrik ein. 1890 übernahmen schließlich die Barmherzigen Brüder die Klostergebäude und richteten eine Heil- und Pflegeanstalt für geistig und körperlich behinderte Menschen ein.

Schloss **Bodenstein** ist ein dreigeschossiger Vierflügelbau kurz vor Nittenau auf der Hochfläche über dem Regental. Dem eigentlichen Schloss ist ein Wirtschaftshof vorgelagert; eine dreibogige steinerne Brücke erlaubt den Zutritt über einen breiten Graben. Die Schlossanlage besteht aus einem engen rechteckigen Innenhof, zum Teil mit Arkadenbögen. Bodenstein wurde von Ministerialen der Burggrafen

Aus der Luft lassen sich die weitläufigen Dimensionen der alten Klostergebäude von Reichenbach und der modernen Einrichtungen besonders gut erkennen.

Schloss Bodenstein ist ein dreigeschossiger Vierflügelbau auf der Hochfläche über dem Regental.

In Nittenau finden sich in der Pfarrkirche Altes und Neues neben-einander, nachdem in den 1970er Jahren an den Chor ein Erweite-rungsbau angefügt wurde.

von Regensburg gegründet. Durch Schenkungen an das Kloster Reichenbach sind sie auch urkundlich erfasst; ein Burgherr scheint sogar kurz vor seinem Tod in das Kloster eingetreten zu sein. Später wurde Bodenstein eine Hofmark (siehe vorne). Im Jahr 1607 kam sie an den pfälzischen Kurfürsten Friedrich V. (1596–1632), der nach der verlorenen Schlacht am Weißen Berg (1620) als Winterkönig in die Geschichte einging (weil er nur einen Winter lang böhmischer König war). Diese Schlacht änderte auch die politische Situation der Oberpfalz grundlegend, da das Land an der Naab und am Regen nach rund drei Jahrhunderten wieder an Altbayern fiel. Dies galt auch für Bodenstein.

Zwischen Nittenau und Ramspau

In **Nittenau** sind die Kirche und der Storchenturm ein unübersehbares Wahrzeichen der Stadtsilhouette. Der Turm mit dem gestaffelten Giebel könnte früher der befestigte Eingang zum Friedhof gewesen sein. Auf einem alten Merianstich war die Stadt Nittenau mit Mauern und Wehrtürmen abgebildet, heute sind nurmehr die beiden erwähnten Türme vorhanden. Nittenau wurde ja im Laufe der Jahrhunderte des öfteren verwüstet, zuletzt 1945 durch einen alliierten Luftangriff, als man es offensichtlich als kriegsentscheidend ansah, den kleinen Ort am Regen mit Bomben zu belegen.

In der Pfarrkirche sieht man das Alte und das Neue nebeneinander: bei der Erweiterung in den 1970er Jahren wurde die Hälfte der alten Kirche und des Chorraums in die neue Konstruktion einbezogen, indem diese durch große Glastüren mit dem neuen achteckigen Kirchenraum verbunden wurden. Der Regen um Nittenau ist ein gutes Fischgewässer, nimmt man das Anglerglück der letzten Jahrzehnte als Maßstab. Im Jahre 1975 wurde beispielsweise ein Waller mit

2,05 m Länge und 57 kg Gewicht aus dem Regen gezogen und damit ein neuer Rekord am Regen aufgestellt. Nur vier Jahre zuvor hatte ein anderer Angler es auf einen 1,75 m langen und 35 kg schweren Waller gebracht. Welse oder Waller (*Silurus glanis*) sind nachtaktive Grundfische, die sich tagsüber am Flussboden versteckt halten. Für ein Leben am Gewässergrund sind sie mit ihren Barteln und ihrem breiten, flachen Maul hervorragend angepasst. Bevorzugt

Ruine Stockenfels, die „Geisterburg".

Der Flusslauf zwischen Nittenau und Regenstauf – hier bei Marienthal – gehört zu den romantichsten Abschnitten des Regen.

werden tiefe, langsam fließende Flüsse oder große, warme Seen. Waller ernähren sich gewöhnlich von Würmern, Schnecken, Krebsen und Fischen und verschmähen mit zunehmender Größe auch Frösche, Mäuse, Ratten oder Wasservögel nicht. Auch wenn Angler hartnäckig ansitzen, sind die Waller offensichtlich nicht leicht zu fangen, würden sie doch sonst nicht über die Jahre hinweg zu rekordverdächtigen Körpergrößen heranwachsen können. Dies erklärt wohl auch, weshalb manche Gasthöfe entlang des Regen derart stolz die präparierten Köpfe gefangener Waller an der Wand präsentieren.

Die stillen Wasser des Regen – immer beliebt für einen kleinen Fischzug.

Hof am Regen bezog seinen Namen von *de Curia* (von dem Hof), wie eine Bürgenliste für den Regensburger Bischof im Jahre 1229 berichtet. Die romanischen Grundmauern der Burg sind noch erhalten. Auch die Unzugänglichkeit ist geblieben. Die Treppe zum ersten Obergeschoß verläuft innerhalb der massiven, bis zu zweieinhalb Meter dicken Mauer. **Stefling** ist wohl noch viel älter, wurde der Ort doch bereits 991 als *Steuininga* beim Burggrafen von Regensburg aufgeführt. Die Burg hat auf drei Seiten durch einen steil abfallenden Bergrücken einen natürlichen Schutz, in den Hussitenkriegen konnte sie denn auch erfolgreich

Das Schloss mit seinen markanten, abgestuften Treppengiebeln ist das Wahrzeichen von Hirschling.

verteidigt werden. Der Stumpf des ehemaligen Bergfrieds wurde in romanischer Zeit gemauert, der größte Teil der Anlage stammt aus der Barockzeit.

Stockenfels liegt als malerische Burgruine mitten im Wald hoch und einsam über dem engen Knie des Regen. Über die Jahrhunderte hinweg führten hier die wichtigen Handelswege nach Prag bzw. an die Ostsee vorbei. Vom Regen aus ist nur das Dach des Bergfrieds zu sehen. Einem fünfgeschossigen Wohnturm schließt sich ein kleiner Hof und der eigentliche Wohnbau an. Die Mauertechnik der unteren drei Turmgeschosse deutet auf die Zeit der frühesten Gotik hin. 1326 gehörte die Burg dem bayerischen Kaiser Ludwig (1287–1347), der hier gerne auf die Jagd ging. Er verfügte sogar in seinem Testament, die Burg weder zu ver-

pfänden noch zu veräußern. Die Erben hielten sich jedoch nicht daran, fortan wechselten ständig die Besitzer. Der letzte Burgherr verließ im vorletzten Kriegsjahr des Dreißigjährigen Krieges (1647) das Anwesen. Stockenfels verfiel und wurde zum Spukgemäuer. Seither sollen sündige Schankwirte und Kellnerinnen hier jede Nacht soviel Wasser aus dem Brunnen schöpfen und über die Burgmauer schütten müssen, wie sie ihren Gästen im Erdenleben ins Bier gegossen hatten. Der Volksglauben spricht gar von einer Bierpantscher-Walhalla, die als bayerische Strafeinrichtung für alle Vergehen rund um das bayerische Bier zuständig ist.

Das spätmittelalterliche Schloss **Hirschling** ist ein einfacher Bau mit markanten abgestuften Treppengiebeln. Das Glockentürmchen mit seinen zwei Glocken stammt aus dem

Zwischen Hirschling und Ramspau weitet sich das Tal zunehmend aus.

Große, blank geschliffene Granitblöcke im Regen zeigen nicht nur eine idyllische Flussansicht, sondern auch die gewaltige Kraft des Wassers, die solche Felsblöcke bewegen und bearbeiten kann.

105

Schloss Ramspau aus dem 18. Jahrhundert enthält in seinem Inneren noch historisches Mobiliar und Kachelöfen.

Das neugotisch gestaltete Schloss Spindlhof mit seinen zum Teil prunkvoll eingerichteten Sälen beherbergt heute eine Bildungsstätte der Diözese Regensburg (rechte Seite).

19. Jahrhundert. Eine kleine Schlosskapelle enthält etwas Rokokoschmuck. Von der alten Burg ist lediglich eine rund zehn Meter lange Steinmauer aus großen Quadern erhalten. In der ersten Hälfte des 20. Jahrhunderts war das Schloss schließlich eine Dorfschule und ging anschließend in Privatbesitz über.

Ramspau zählt sich zu den malerischten Orten am Regen. Die Kirche und das Schloss beherrschen das Ortsbild. Das Schloss aus dem 18. Jahrhundert wirkt elegant, obwohl ein hohes und großes Dach auf den Unterbau zu drücken scheint. Dieser Eindruck wird jedoch durch die vier dominanten runden Ecktürme gemildert, die mit großen Zwiebelkuppeln abgeschlossen sind. Gerade sie geben dem Bau und dem Ortsbild ein unverwechselbares Gepräge.

Von Regenstauf bis Regensburg

Das gut 500-jährige Wappen von **Regenstauf** enthält zwei Fische auf blauem Grund und einem Regenbogen. Regenstauf war schon früh Siedlungsland, eine erste Urkunde datiert auf das Jahr 970. Auch der 430 m hohe Schlossberg dürfte schon sehr bald zur Befestigung eingeladen haben („Stauff am Reng"), immerhin erhebt er sich rund 95 m über den Fluss. Heute steht auf dem Schlossberg ein Aussichtsturm. Eine andere prägende Einrichtung des Ortsbilds ist heute die Akademie Eckert am südlichen Ortsrand. Mehrere Hochhäuser künden vom wirtschaftlichen Erfolg des Schulungszentrums. Dessen Spektrum reicht von der Erstausbildung über Fort- und Weiterbildung bis zu gezielten Umschulungsmaßnahmen. Dabei wird das öffentliche Bildungsangebot ergänzt und auf zukunftsträchtige Ausbildungsgänge gesetzt. Zu den Eckert-Schulen gehören daher eine ganze Reihe spezialisierter Schulen, etwa das Fernlehrinstitut, das Berufsförderungswerk, eine Hotelfachschule

Regenstauf schmiegt sich rund um den 430 m hohen Schlossberg.

oder eine Technische Lehranstalt. Etwa 450 haupt- und nebenberufliche Lehrkräfte unterrichten rund 3000 Schüler (oder Erwachsene). Knapp 1500 von ihnen können sogar auf dem Schulgelände wohnen. Die berufliche Rehabilitation gehört dabei zu den ältesten Standbeinen. Bei Berufsunfähigkeit soll dabei Betroffenen mit individueller Förderung ein neues Tätigkeitsfeld eröffnet werden. Ein eigener Integrationsdienst hilft den Rehabilitanden zurück ins Berufsleben.

Dem Bau der A 93 im Regental bei **Lappersdorf** mussten rund vier Kilometer des alten Regenbettes weichen. Die Regentalautobahn zerstörte dabei die letzte halbwegs natürliche Flusslandschaft im direkten Umkreis Regensburgs. Heutzutage wäre eine solche Geringachtung der Ökologie von Politikerseite nicht mehr ganz so leicht möglich, da die öffentliche Meinung doch ein klein wenig sensibler geworden ist, sowohl was Steuermittelverschwendung als auch offensichtliche Missachtung des Ge-

Schloss Regendorf blickt auf eine lange Geschichte zurück, die 1172 als Regelindorf in schriftlicher Form begann. Heute ist die Schlossanlage im Besitz der Stadt Regensburg.

meinguts Umwelt betrifft. Keiner der politischen Entscheider des Regentaldesasters ist heute noch in Amt und Würden. Dennoch stellt sich die brisante Frage, inwieweit Politiker nicht für ihre Entscheidungen persönlich haften sollten.

Nördlich von Regensburg gibt es eine Reihe von Orten und Ortsteilen, die heute bevorzugte Wohngebiete sind, beispielsweise Lappersdorf, Pielmühle, Lorenzen, Regendorf oder Sallern. **Zeitlarn** könnte seinen Ortsnamen von den Zeidlern ableiten, den Imkern des Mittelalters, die den Honig wilder Bienenvölker sammelten; im „sprechenden"

Zeitlarner Wappen sind denn auch ein goldener Bienenkorb und ein Fisch (als Verweis auf den Regen) zu finden. **Reinhausen** liegt schon direkt an der Regenmündung (konsequenterweise hieß es früher Regenhausen [*Reginhusen*]). Es profitierte stark von der Flößerei auf dem Regen, da hier im Holzhof die Baumstämme angelandet wurden und sich daher ein lebhafter Holzhandel etabliert hatte; der Straßenname Holzgartenweg verweist noch auf diese Vergangenheit. Das ehemalige Wappen von Reinhausen zeigt den hl. Nikolaus mit Seil und Axt, den Schutzpatron der Flößer.

Heute mündet der Regen in den Main-Donau-Kanal, der kurz darauf in der Donau aufgeht.

Stadtamhof und der Untere Wöhrd grenzen schließlich gleichzeitig an Regen und Donau. Stadtamhof war über Jahrhunderte hinweg der bayerische Brückenkopf an der Steinernen Brücke gegenüber der ehemals Freien Reichsstadt Regensburg. Man hatte in Konkurrenz zum Regensburger Salzstadel einen eigenen Andreasstadel. Leider wurde der Ort bei der Belagerung Regensburgs durch Napoleons Truppen im Jahre 1809 vollständig zerstört. Beim Wiederaufbau war man auf Selbständigkeit bedacht, obwohl inzwischen Regensburg auch bayerisch geworden war und es gar keine politische Grenze mehr gab. Jedenfalls wurde das Nord- und Südtor wieder aufgebaut und das alte Stadtbild einer eigenständigen städtischen Kommune wieder instand gesetzt. Stadtamhof blieb weitere 115 Jahre eine selbständige Stadt und wurde, wie Reinhausen und andere ehemals selbstständige Orte, 1924 nach Regensburg eingemeindet.

Regensburg war wegen seiner Lage an der Donau, der Naab und dem Regen schon früh ein bevorzugter Siedlungsplatz. Der Regen hat dem Ort den Namen gegeben: *Radaspona* stellte vermutlich eine keltische Siedlung im Bereich des heutigen Arnulfsplatzes dar. Als Burg am Regen (nichts anderes heißt *Castra Regina*) war Regensburg später die wichtigste Römergründung in der Region. Sie wurde interessanterweise nicht *Castra Danubia* genannt, weil es an der Donau ja schließlich noch eine ganze Reihe anderer Kastelle gab und man offensichtlich Verwirrungen vorbeugen wollte. Das burgartige *Castrum* wurde im Jahre 179 n. Chr. gegenüber der Regentalpforte aus Quadersteinen errichtet, nachdem die Markomannen eine Vorgängersiedlung hatten brandschatzen können. Eine steinerne Bauinschrift in einem ursprünglich acht Meter langen Kalksteinblock des östlichen Lagertors benennt Kaiser Marc Aurel und seinen Sohn Commodus als Bauherrn, unter deren Befehl „die Mauer mit Toren und Türmen" errichtet wurde. Bis zu 6500 Legionäre konnten hier ihren Dienst tun. Noch fünf Jahrhunderte später beschrieb der Freisinger Bischof das römische *Castrum* als unüberwindbar. Die verbliebenen Mauerreste der *Porta Praetoria* geben einen Eindruck von der Wehrhaftigkeit des römischen Stützpunkts am nördlichsten Knie der Donau. Beim Zusammenbruch des römischen Reiches im Jahr 476 nach einem erfolgreichen westgotischen Angriff auf Rom standen noch reguläre römische Einheiten in Regensburg. Danach wurde das Kastell jedoch aufgegeben und die Truppen nach Italien zurückverlegt. Es folgte die Zeit der Alamannen und Bajuwaren. Anfang des 10. Jahrhunderts machte schließlich der bayerische Stammesherzog *Regansburc* zur Hauptstadt Bayerns. Als ein Jahrhundert später mit Heinrich II. ein bayerischer Herzog König wurde, wählte dieser zunächst Regensburg zur Residenz des Heiligen Römischen Reiches. Damals setzte sich die Siedlung aus einem königlichen, einem kirchlichen und einem kaufmännischen Stadtteil zusammen, sie war die bevölkerungsreichste Stadt Süddeutschlands und ein bedeutendes Fernhandelszentrum. Unter Kaiser Friedrich II. wurde Regensburg schließlich 1245 Freie Reichsstadt und schied fortan als Standort der Hauptstadt des bayerischen Herzogtums aus. Womöglich wäre Regensburg ansonsten heute der Regierungssitz Bayerns. Durch den Immerwährenden Reichstag wurde die Stadt zwischen 1663 und 1806 jedoch *de jure* der Hauptort des Heiligen Römischen Reiches. Aus der Zeit der Botschaftsvertretungen zeugen beispielsweise noch die Gesandtenstraße oder die ehemaligen Gesandtschaftspalais.

Dieses Buch ist ein Werk über den Regen und nicht über Regensburg. Es muss daher dort enden, wo mit der Donau die Geschichte Regensburgs beginnt. Ob die Stadt ohne den Regen entstanden wäre, mag dahin gestellt sein. Wenn doch, so würde sie nicht Regensburg heißen.

Der Main-Donau-Kanal, linkerhand, hat Stadtamhof zur Insel gemacht, nachdem die bis 1924 selbstständige Stadt im Süden immer schon von der Donau gesäumt war.

Blick auf Steinerne Brücke und Altstadt von Regensburg. Das Ziel ist erreicht, nach knapp 200 km vereinigen sich die Wasser des Regen mit denen der Donau.

Naturnutzung und Naturschutz im Regental

Nationalpark-Erweiterung bis ins Tal des Kleinen und Großen Regen

Im Jahre 1997 wurde noch vor dem 30. Geburtstag des ersten deutschen Nationalparks eine Verdoppelung des „grünen Herzens" Mitteleuropas beschlossen. Das Waldgebiet zwischen Rachel und Falkenstein wurde daraufhin dem bestehenden Nationalpark hinzugefügt. Der bayerische Staat war bereits Eigentümer dieses Waldes. Die Staatswälder zwischen Arber, Falkenstein und Rachel sind ein nahezu geschlossenes Waldgebiet, das nur ausnahmsweise von kleinen Rodungsinseln durchbrochen ist. Nach diesem Beschluss umfasste der Nationalpark Bayerischer Wald 24250 Hektar. Seither wurden über 17 Millionen Euro in Einrichtungen des Erweiterungsgebiets investiert. Die internen und externen Widerstände gegen eine Nationalparkerweiterung waren jedoch beträchtlich, auch weil einzelne Privatleute nicht auf die Ausnutzung öffentlicher Ressourcen verzichten wollten. Eine Anzahl Unzufriedener eines „Weiter-So" sammelten sich sogar in einer Bürgerinitiative. Zum einen ging es um die Angst, den Staatswald nicht weiter zum Ausreiten zahlender Gäste nutzen zu können, zum anderen ging es um das Erscheinungsbild der Natur, da „Geisterwälder" Touristen abschrecken würden. Es standen also keine Bürgerrechte auf dem Spiel, wie von manch interessierter Seite vorgeschoben wurde. Die „Bürgerbewegung zum Schutz des Bayerischen Waldes e.V." hatte sich sogar mit einer Petition an den Bayerischen Landtag gewandt, „um die sich selbst überlassenen so genannten Naturzonen im Erweiterungsge-

biet zurückzunehmen und flächendeckend eine Bekämpfung des Borkenkäfers zu ermöglichen. Zentrale Forderungen des Vereins sind dabei die Rücknahme der Erweiterung des Nationalparks sowie der Erweiterung der Naturzone im Erweiterungsgebiet, der Borkenkäferbekämpfung auf ganzer Fläche, konsequente Ergänzungspflanzungen überall dort, wo die Naturverjüngung ausbleibt, besonders in den Hochlagen, sowie Sicherung der Schutzfähigkeit des Waldes für den Wasserhaushalt und die Wasserqualität!" Die Petition wurde abgelehnt.

Mit der Erweiterung wurde gleichzeitig die Errichtung eines (zweiten) Informations- und Besucherzentrums beschlossen, das als „Haus zur Wildnis" das spannende biologische Thema Wildnis zum Mittelpunkt hat. Es liegt mitten im Wald auf einer kleinen Anhöhe am Ortsende von Ludwigsthal. Man will die Wildnis nicht ins Haus holen, die ja draußen selbst entdeckt werden will, sondern Interesse und Verständnis für die dynamischen Vorgänge in der Natur wecken. Unter dem Slogan „Ein besonderes Haus braucht eine besondere Architektur" wurde das Design einer überdachten „Freifläche" gewählt, die „sich aus dem bestehenden Gelände entwickelt und sich dem natürlichen Verlauf anpasst". In den Worten der Eröffnungsreden hört sich dies etwa folgendermaßen an: „Wildnis ist nicht planbar, hat unendlich viele Möglichkeiten der Entwicklung, wird von jedem Menschen anders wahrgenommen und empfunden. Deshalb vermittelt das Haus der Wildnis den Wandel vom Urwald zum gezähmten Nutzwald, der nun in eine neue Wildnis aufbricht". Das „Haus der Wildnis" ist in ein großes

Tierfreigelände eingebettet, dessen Besonderheit eine kleine Wildpferdherde ist. Diese Przewalski-Pferde hatten nur mit ganz wenigen Tieren die Ausrottung überlebt und werden seither in einigen kleinen Herden wieder nachgezüchtet. Erste Auswilderungsversuche in der Mongolei und in Kasachstan sollen die Pferde wieder ihren ursprünglichen Lebensräumen zuführen.

Das Wildniscamp am Falkenstein wurde bereits im Jahr 2002 unter großer Anteilnahme eingeweiht. Knapp drei Sommersaisonen waren für seine Errichtung nötig gewesen.

Der Name des Camps ist an sich irreführend, da Mitteleuropa keine Wildnis im eigentlichen Sinne mehr bieten kann. Das Motto des Nationalparks lautet denn auch konsequent „Natur (wieder) Natur sein lassen", d. h. der Natur das Recht zu einer dynamischen Entwicklung zurückzugeben und sie als Eigenwert an sich zu respektieren. Im unmittelbaren und intensiven Erleben der Natur soll der Nährboden für ein nachhaltiges Lernen von und in der Natur bereitet werden. Sechs verschiedene Themenhütten erlauben jeweils für bis zu sechs Personen einen mehrtägigen Aufenthalt

Das Wildniscamp am Falkenstein bietet Möglichkeiten, Natur auf eine ganz andere, sehr unmittelbare Art und Weise zu erfahren. So können Jugendliche in besonderen Themenhütten eine Woche lang logieren und Unterrichtsprojekte durchführen.

mitten in der Natur: Das Waldzelt, das Baumhaus, die Wasserhütte, das Wiesenbett, die Erdhöhle und das Lichthaus. Mit allen Sinnen können die dort herrschenden Bedingungen (z. B. Gerüche, Geräusche, Feuchtigkeit, Kälte oder Nachthimmel) in einer Intensität erlebt werden, die uns allen fremd geworden ist, da wir in unserem alltäglichen Leben Natur weitgehend aussperren. Von April bis Oktober steht das Camp für Schulklassen der Region offen, in der übrigen Zeit kann sich jedermann (als Gruppe) einmieten und eigene Erfahrungen in der Begegnung mit der Natur sammeln.

Der Drachensee soll Furth im Wald künftig vor Hochwasser schützen helfen.

Hochwasser im Regental

Hochwasser hat es am Regen schon immer gegeben. Seit den Zeiten der Landwirtschaft sind die Hochwasser jedoch schlimmer geworden. Dies liegt zum einen an der fast flächendeckenden Rodung des Landes, schließlich war Mitteleuropa einstmals nahezu vollständig mit Wald bedeckt. Gerade Auwälder können dabei ein großes Rückhaltepotential entfalten, wenn große Mengen an Niederschlägen anfallen. Ein Blick in die entwaldete Regentalaue zwischen Cham und Nittenau zeigt aber, in welch drastischem Ausmaß der Regen seinen Auwald und damit seine Schwammwirkung verloren hat. Zum anderen liegt es daran, dass auch der Regen auf ein schmales Wasserband eingeschränkt wurde; welches Ausmaß dieses Einengen genommen hat, lässt sich zwischen Cham und Roding an den ehemaligen Flussschlingen im Landschaftsbild sehen. Der Regen hat daher im Laufe der Jahrhunderte immer wieder gewaltige Hochwasser verursacht. Dabei gibt es seit der Erfindung der Dampfkraft keine wirtschaftlich zwingenden Gründe mehr, Häuser und Gebäude direkt am Wasser zu errichten.

Auch Cham wurde immer wieder vom Hochwasser in Mitleidenschaft gezogen, weswegen die alten Ortsteile ja alle in gehörigem Höhenabstand zum Regen angelegt sind. In der weitgehend ebenen Landschaft zwischen Chammünster und Roding steht dem Regen mit seinen vielen Windungen nur ein geringes Gefälle zu. Regelmäßige Überflutungen der Talaue waren daher schon über die Jahrhunderte hin zwangsläufige Folgen. Vom Juli 1897 sind beispielsweise drastische Berichte überliefert, als eine böhmische Tierschaugruppe trotz heftigen Niederschlags auf der Regenwiese gastierte. Als Auswärtige konnten sie sich entgegen aller Warnungen kaum vorstellen, dass ein solch kleiner Fluss schnell über die Ufer schreiten würde. Bald darauf musste jedoch eine konzertierte Rettungsaktion die Menagerie retten, nur für einen Panther kam jede Hilfe zu spät. Fast jeder Ort am Regen hat Höchststände von Hochwassern an den Ufern vermerkt. Seit den letzten gehäuft auftretenden, so genannten Jahrhunderthochwassern beginnt man langsam umzudenken. In einer dreisäuligen Strategie soll ein zukunftsweisender Hochwasserschutz gewährleistet werden; dieser setzt sich aus einem vorbeugenden und einem technischen Hochwasserschutz sowie einer „weitergehenden Hochwasservorsorge" zusammen. Allerdings wird keine absolute Sicherheit möglich sein. In einem aufwändigen Verfahren werden entlang des Regen alle 100-jährlichen Überschwemmungsgrenzen ermittelt. Es wird nicht mehr nur Aufgabe der Lokalpolitik sein können, Bebauungen in den Überschwemmungsgebieten zu unterbinden. Eine gewisse Abhilfe kann durch einen nachhaltigen Umgang mit dem Regenwasser in bebauten Gebieten geschehen, da schließlich jedes Haus dauerhaft eine Bodenfläche versiegelt und damit zusätzlich das Volumen jeder Hochwasserwelle erhöht. Insgesamt jedoch muss ein großes Umdenken in den Amtsstuben und den Köpfen aller erst noch kommen, was die Herangehensweise an ein nachhaltiges Flussmanagement betrifft.

Mit dem Bau des Drachensees wurde und wird der Stadt Furth eine wichtige Maßnahme zur Schaffung einer großen Retentionsfläche finanziert (siehe oben). Man wählte bewusst den Namen des Drachen für den gut 30 Millionen Euro teuren Hochwasserspeicher. Das Bauprojekt wurde nach einer langen Planungs- und Entscheidungsphase ab dem Jahr 2001 konsequent umgesetzt. Es schafft einen Rückhalteraum für rund 4 Millionen m^3 Wasser und eine Staufläche von 88 ha; die höchste vorgesehene Staumöglichkeit liegt bei 175 ha. Mit dem Wasser des Drachensees kann auch Energie erzeugt werden (mit einer Turbinenleistung von 155 Kilowatt). Schließlich sollte der neue Freizeit- und Erholungswert für die Region nicht unterschätzt werden.

Flüsse und Auen gehören eng zusammen; Flüsse haben sie geschaffen und sie brauchen sie auch. Das Einfordern der natürlichen Überflutungsgebiete äußert sich in Hochwassern, die in unregelmäßigen Zeitabständen „enteignete" Talräume auch immer wieder „in Besitz nehmen". Technikgläubigkeit hatte es sträflich versäumt, ernsthafte Folgenabschätzungen durchzuführen und stattdessen immer nur kurzfristige Gewinne im Auge gehabt. Auen gehören daher heute zu den am stärksten bedrohten Lebensräumen in Europa. Leider ist man erst seit kurzem nach „mehrmaligem leidvollem Nachhilfeunterricht durch die Natur" zu entsprechenden Renaturierungen von Flusslandschaften und ihren Auen bereit. Auwaldvernichtung ist denn auch allgemein als eine entscheidende Ursache für extreme Hochwasser benannt. Natürliche Überflutungsflächen könnten nämlich Wasser wie ein Schwamm aufnehmen und in den späteren trockenen Zeiten sukzessive wieder an den Fluss abgeben. Der beste Hochwasserschutz wäre daher ein Verzicht einer Bebauung von Auenflächen und ein Wiederzulassen von Auwäldern. Weitere Ursachen für extreme Hochwasser liegen

in Flussbegradigungen und zunehmender Landschaftsversiegelung. Es leuchtet ein, dass dadurch weniger Regenwasser im Boden versickern kann und beschleunigt über die Kanalisation abfließen muss. Mittelfristige Lösungen werden daher eine breite Mischung verschiedener Maßnahmen unter dem Überbegriff „Breitwasser statt Hochwasser" umfassen müssen, die nicht nur Verbauungen von Überflutungsgebieten Einhalt gebieten, sondern auch mehr Überflutungsflächen „entsiegeln" und renaturieren.

Der (feuchte) Talgrund des Regenunterlaufs dient häufig der Grünfutternutzung.

Landschaft und Landwirtschaft

Im Tal des Regen wurde schon vor über tausend Jahren Wald für die Landwirtschaft gerodet. Der Regen war für die Siedler die Einfallspforte in den Wald. Siedeln hieß über die Jahrhunderte hinweg Landwirtschaft zu betreiben, sie war das Kapital, von dessen Zinsen man lebte. Diese Landwirtschaft wurde unabhängig voneinander in drei weit voneinander entfernten, subtropischen Regionen erfunden: Im Mittleren Osten, in China und in Mittelamerika. Es wurden unterschiedliche Pflanzen- und Tierarten konsequent als Nahrungslieferanten eingesetzt, im Mittleren Osten waren es Weizen, Gerste, Rinder, Schweine, Ziegen und Schafe, in China Reis, Schweine und Büffel und in Mittelamerika Mais, Zuckerrohr (Kartoffel) und Bohnen. Diese Entwicklungen fanden nahezu zeitgleich, aber unabhängig voneinander statt. Über die Gründe der Erfindung der Landwirtschaft in der Jungsteinzeit gibt es manche Spekulation, über deren Auswirkungen jedoch keinen Zweifel. Als unmittelbare Folge dieser „landwirtschaftlichen Revolution" kam es zur ersten dramatischen Erhöhung der Bevölkerungszahl, nachdem vorher die weltweite Zahl nur wenige Millionen betragen hatte. Der Preis

zum Sesshaftwerden war mit einem „die Erde untertan Machen" verbunden und damit langfristig mit einem flächendeckenden Verlust der Naturlandschaften. Auch das Regental ist ein gutes Beispiel einer sukzessiven Landnahme entlang des Flusses und der Ausbreitung der Siedlungen im Tal. Im Laufe der Jahrhunderte wurde nahezu alle unberührte Natur in Kulturlandschaft umgewandelt, d. h. Naturland gerodet und alljährlich zur Agrarsteppe mit möglichst nur einer Getreideart gemacht. Da bei früheren Bewirtschaftungsmethoden jedoch eine Dreifelderwirtschaft unumgänglich war (den Böden wurden mehr Nährstoffe entzogen als sich nachbilden konnten), wechselten naturnahe Flächen ständig mit bewirtschafteten ab. Der Natur blieb also immer ein Netz von ungestörten Flächen, so dass Naturschutz sozusagen ein Nebenprodukt des bäuerlichen Wirtschaftens war.

Landwirtschaft als eine neue Form der Naturbewirtschaftung kam auf zwei Wegen nach Europa: Ein erster vom Balkan durch die Ebenen Ungarns entlang der mitteleuropäischen Flusstäler bis an die Ostsee; ein zweiter über die nördliche Mittelmeerküste bis nach Spanien und Portugal bzw. an der Atlantikküste entlang bis zu den britischen Inseln. Archäologen beziehen sich in ihrer Argumentation auf die „Mode der Linienkeramik", die damals charakteristische, abstrakte Verzierungen hervorbrachte sowie vor dem Brenngang oft Gegenstände wie etwa Muscheln in den noch feuchten Ton eindrückte. Den Genetikern stehen derzeit sehr viel genauere Werkzeuge zur Verfügung, um auch lange zurückliegende Verwandtschaftszusammenhänge innerhalb von Populationen nachzuweisen: Nach den Daten der mitochondrialen DNA-Sequenzierungen scheinen die neuen Bauern keineswegs den europäischen Kontinent als Einwanderer geflutet zu haben. Vielmehr hatten die dort bereits in der Altsteinzeit lebenden Menschen die neue Landbewirt-

schaftung „durch eine Hand voll Samen und ein paar eingetauschte Tiere" sukzessive übernommen. Damit war die bisherige Ansicht der Archäologen widerlegt, die lange Zeit von einem „Menschen-Tsunami von Kleinasien nach Europa" ausgegangen war. In diesen Streit hatten sich im 20. Jahrhundert auch Mediziner eingemischt und auf das gleichzeitige Vorkommen von rh+ und rh- in Europa hingewiesen. Der Rest der Weltbevölkerung ist nämlich weitgehend rhesus-positiv (rh+). Man erklärte diese „Ungleichverteilung" dahingehend, dass „die modernen Europäer aus einer noch nicht allzu lange – höchstens 8000 Jahre – zurückliegenden Begegnung zwischen rhesus-positiven Neuankömmlingen und den Nachfahren der rhesus-negativen, jagenden und sammelnden Urbevölkerung hervorgegangen ist". Heute wissen wir es besser und gehen von einer höchstens 20%igen Einwanderungsquote in der Jungsteinzeit aus, während „den Hauptbeitrag zu unserem europäischen Genpool die einheimischen altsteinzeitlichen Jäger geleistet" hätten.

Landwirtschaft führt seit ihrer Erfindung einen ständigen Wettlauf, steigende Bevölkerungszahlen ausreichend ernähren zu können. Hungersnöte ließen sich nicht vermeiden, vor allem auch weil regionale Wetterprobleme nicht in einem überregionalen Agrarhandel ausgeglichen werden konnten. Ende des 19. Jahrhunderts gelang jedoch eine Revolution in der Landwirtschaft, als Justus Liebig (1803–1873) seine „agrikulturchemische Mineralstofftheorie" entwickelte und darin auf die Bedeutung einer Mineraldüngung hinwies. Als schließlich die chemische Industrie einen bezahlbaren Mineraldünger in ausreichender Menge bereitstellen konnte, kam es im Einklang mit einer starken Technisierung und effizienten Pflanzenschutzmitteln zu einer gewaltigen Produktionssteigerung. Die Folgen für den Naturschutz waren fatal, fast jeder Quadratmeter Land konnte in der modernen Agrarwirt-

schaft genutzt werden. Flächendeckende Flurbereinigungen ließen zudem immer größere Betriebsflächen und „künstliche Agrarsteppensysteme" entstehen. Gleichzeitig werden seit Jahrzehnten beträchtliche Steuermittel in das System gepumpt, beispielsweise beträgt allein beim EU-Budget der Agraranteil 46% (und das bei einem Beschäftigungsanteil in der Landwirtschaft von wenigen Prozent der Gesamtbevölkerung!). Dabei produziert die europäische Landwirtschaft seit gut 40 Jahren weit über den notwendigen Bedarf hinaus. Zudem hat sie im ständigen Kampf um mehr den Bogen eindeutig überspannt, so dass Harald Grill (*1951 in Hengersberg) folgenden Reim verfassen musste: „S'Handwerk hot an goldan Bodn, d'Landwirtschaft hot an vagiftn".

Zu Hochwasserzeiten tritt das Wasser schnell über die flachen Regenufer und kann den weiten Talraum als Retentionsfläche ausnutzen.

Am Röthelseeweiher in Sichtweite von Schloss Thierlstein stellt sich die Regentalaue noch am naturnahesten dar (linke Seite).

Landwirtschaft war für eine Gesellschaft immer überlebenswichtig, was sich auch heute noch in der besonderen Bevorzugung bei Subventionszahlungen zeigt; dabei gibt es in Europa schon längst keinen Hunger mehr zu besiegen. Sonderrechte auf Subventionen kann kein Berufsstand auf Dauer ungestraft beanspruchen, vor allem wenn über Jahrzehnte hinweg an der Marktwirtschaft vorbei produziert und dabei noch dazu Natur zerstört wird. Keinem Bäcker werden zu viel gebackene Brötchen von Staats wegen abgekauft, der Landwirtschaft gelingt dieses Kunststück seit mehr als einer Generation. Lange Zeit wurde der größte Teil der Kulturlandschaft ja auch zur Erzeugung von Nahrungsmitteln gebraucht. Da heute die Bevölkerungszahlen in Deutschland (endlich) nicht mehr steigen und bei einigem politischem Willen sogar deutlich sinken könnten, hätten wir eine Chance, der Natur kleine Bruchstücke ihrer ursprünglichen Dimension wieder zurückzugeben, sie wieder „Natur sein zu lassen" und zu „dekolonialisieren". Wir könnten es uns heute leisten, den immensen Druck auf die Natur zu reduzieren und ihr ein Netzwerk von Reservaten zurückzugeben. Dabei dürfen wir hoffen, dass dies für ein langfristiges Überleben von Ökosystemen ausreicht. Staatlich geförderte Landschaftspflege kann nicht weiterhelfen, besser und nachhaltiger würden die Mittel für einen gezielten Aufkauf von Flächen eingesetzt. Die Natur kann sich nämlich selbst helfen, man muss ihr nur Zeit lassen. Und – dieser Prozess würde nichts kosten. Man müsste nur einmalig die Flächen aufkaufen. Diese würden dann eine natürliche Sukzession durchlaufen und früher oder später wieder zu Wald werden. Wald war im Tal des Regen vor Jahrhunderten und Jahrtausenden ja das natürliche Ökosystem und würde es auch heute sein. Alles andere ist menschengemacht. Teuere Pflegemaßnahmen versuchen museale Landschaften zu erhalten, die allesamt keine natürlichen Landschaften

Im Winter (wie hier 2006) kann die Eisdecke auf dem Regen durchaus stark genug werden, um Eisstockschießen oder andere Wintersportarten zuzulassen.

sind (sonst müsste man ja auch nicht dauernd eingreifen!). Solche künstlichen Naturräume werden von kritischen Zungen gerne als Walt-Disney-Landschaften bezeichnet. Museumslandschaften mag es geben dürfen, nur sollten diese nicht mit Naturschutzgeldern finanziert werden.

Freizeitnutzung des Flusses

Nahezu jede Regental-Gemeinde zwischen Blaibach und Regensburg wirbt heute mit Kanufahrten auf dem Regen. Der Regen ist ein weidlich genutzter Freizeitfluss, der sich in einer 5-Tagestour von Blaibach bis Regensburg befahren lässt. Immer wieder sind einfache Zeltmöglichkeiten gegeben, Gästebetten sind ausreichend vorhanden. Diese Art der Freizeitnutzung zeigt eindringlich den Paradigmenwechsel, da Ökologie auf einmal innerhalb ökonomischer Rahmenbedingungen etwas zählt. Natur ist zum Wert an sich geworden, den heute Tourismusmanager nutzen wollen und damit auch schützen müssen: Die Natur hat also neue Anwälte bekommen. Sanfter Tourismus lebt von der Natur und der Kultur. Tourismus und Naturschutz wären ideale Partner, wenn der Tourismus von den „Zinsen" einer intakten Natur leben würde. Touristen kommen häufig aus Ballungsgebieten, in denen Natur in aller Regel stark verbraucht ist und deren Reste an den Wochenenden von tausenden Erholungssuchenden gleichzeitig gestürmt werden. Dabei hat der Werbeslogan „Wer die Natur betrachtet, sieht die Welt mit anderen Augen" durchaus sein Körnchen Wahrheit, auch wenn er von der Mineralölindustrie zur Werbung missbraucht wird. Er zeigt uns jedoch, dass Werbung mit der Natur eine Zielgruppe hat. Warum also nicht zwei Partner zusammenbringen und Naturschutz mit sanftem Tourismus verbinden?

Das Indische Spring-kraut, eine einge-schleppte ausländische Zierpflanze, säumt inzwischen weite Teile des Regenufers und verursacht massive Probleme im heimischen Ökosystem.

Tourismus ist heute in Deutschland ein Wirtschaftszweig mit einer größeren Wertschöpfung als beispielsweise die Automobilindustrie. Wirklich neu an dieser Wertschöpfung ist, dass sie keine Ausnutzung der Natur mehr nach sich ziehen muss. Die Natur wird sozusagen von Erholungssuchenden als „Produkt" gekauft. Sie ist ein Kapital, das sich nur dann verzinst, wenn es nicht geschädigt wird. Das Zulassen von nicht bewirtschafteter Natur führt in unserer abendländischen Tradition in aller Regel zu Konflikten zwischen Umweltschützern, Anwohnern und Landnutzern. Dass man in der Vergangenheit sogar ein Jahr des Öko-Tourismus ausrufen konnte, deutet aber auch daraufhin, dass immer mehr Menschen in ihrem Urlaub Natur erleben wollen, ohne sie dabei zu sehr zu belasten.

Natur- und Umweltschutz

Das Indische Springkraut (*Impatiens glandulifera*) säumt heute weite Teile des Regenufers. Wie der Name der großen, rotblütigen Pflanze schon sagt, handelt es sich dabei um keine einheimische Pflanze. Sie wurde im 19. Jahrhundert als Zierpflanze aus dem indischen Himalayagebiet nach Europa eingeschleppt und tritt seither ihren Siegeszug an Flussufern an. Sie ist von europäischen Blütenpflanzen auch nicht zu schlagen, was die Schnelligkeit des Wachstums und die Größe der Pflanze angeht. Jede Pflanze kann bis zu 2000 Samen produzieren, die sie noch dazu bis zu sie-

ben Meter weit herausschleudern kann (Name!). Zudem bleiben die Samen bis zu fünf Jahren keimfähig. Das Springkraut selbst stellt wenig Ansprüche an den Standort; wird es vom Fließwasser umgedrückt, kann jeder Knoten Wurzeln bilden und seinerseits bis zu fünf aufrechte, blühfähige Triebe austreiben. Die meist flächendeckenden Be-

In den Quellgebieten der verschiedenen Regenzubringer erlaubt eine hohe Luftfeuchtigkeit das natürliche Gedeihen von Farnen.

Die Vogelperspektive zeigt die intensive Nutzung durch Verkehr und Bebauung im unteren Regental.

 stände am Ufer verdrängen eine natürliche Vegetation, beispielsweise das Madesüß (*Filipendula ulmaria*) oder den Gilbweiderich (*Lysimachia vulgaris*); das Springkraut ist jedoch selbst kaum in der Lage, das Erdreich im Uferbereich zu halten und damit vor Erosion zu festigen. Die Pflanzen stellen insofern auch eine Gefahr für die natürliche Ufersicherung dar.

Natur- und Umweltschutz ist Menschenschutz, nicht mehr und nicht weniger! Jeder Zeitgenosse sollte ein Anrecht auf saubere Luft und sauberes Wasser haben. Verschmutzung der Natur und der Umwelt ist in aller Regel ja nichts anderes als eine persönliche Bereicherung Einzelner auf Kosten der Allgemeinheit. Ein konsequentes Einfordern von Ehrlichkeit bei der Ausnutzung von Naturressourcen muss erlaubt sein, wobei Natur- und Umweltschutz technisch umsetzbar, wirtschaftlich möglich und vor allem auch gesellschaftlich akzeptiert sein müssen, damit eine echte Chance zur Umsetzung besteht. Zudem bekommen Natur- und Umweltschutz heute indirekte Unterstützung, schließlich schrumpft die Bevölkerung innerhalb Deutschlands zahlenmäßig, was den ökologischen Druck insgesamt etwas reduziert.

Naturschutz im Regental heißt auch nach politischer Verantwortung zu fragen und für einen angerichteten Schaden gerade zu stehen. Natürlich müssen wir vor der eigenen Haustüre kehren, mag es bisweilen auch für uns persönlich schmerzhaft sein. Wir müssen uns auf lokaler Ebene um Naturschutz bemühen (statt uns nur für ferne Regenwälder einzusetzen, deren Schutz uns finanziell persönlich nicht einmal tangiert). Wenn wir die Natur schützen wollen, müssen wir die Sache schon selbst in die Hand nehmen und vor Ort handeln. Die Politik wird es alleine nicht richten können, Naturschutz hat schließlich keine starke Lobby. Mischen wir uns ein und schützen wir die verbliebene Natur des wunderbaren Regentals – sie hat es wahrlich verdient!

Ausgewählte Literatur

Ackermann, K. und Kilger, J. (1994): Roding, Stadt im Königsland. Stuttgart.

Adams, W. M. und Mulligan, M. (2003): Decolonizing Nature: Strategies for Conservation in a Post-Colonial Era. London.

Binder, B. (1989): Mittelalter in Ostbayern. München.

Diepolder, G. (1969): Bayerischer Geschichtsatlas. München.

Dobler, G. (2002): Die gotischen Wandmalereien. München.

Eberl, B. (1925): Die bayerischen Ortsnamen. München.

Eichhorn, L. (1956): Teisnacher Chronik. Teisnach.

Glotz, P. (2005): Von Heimat zu Heimat. Berlin.

Gschwendner, K. und Trinkerl, E. (2003): Chronik von Roding. Roding.

Hilsch, P. (1999): Johannes Hus. Regensburg

Hofbauer, J. (1980): Ostbayern. Vom Leben und Brauchtum. Regensburg.

Kleindorfer-Marx, B. (1996): Der Regen. Amberg.

Mohr, K. und Bitsch, H. (1991): Niederbayerisches Landwirtschaftsmuseum (= Bayerische Museen, Bd. 16), München.

Morsbach, P. und Spitta, W. (2001): Dorfkirchen in der Oberpfalz. Regensburg.

Morsbach, P. und Spitta, W. (2002): Stadtkirchen in der Oberpfalz. Regensburg.

Morsbach, P. und Spitta, W. (2005): Wallfahrtskirchen in der Oberpfalz. Regensburg.

Neweklowsky, E. (1952): Die Schiffahrt und Flößerei im Raume der Oberen Donau. Linz.

Oswald, G. (1952): Die Geschichte der Stadt Regen. Regen.

Pfistermeister, U. (1984): Burgen und Schlösser der Oberpfalz. Regensburg.

Pfistermeister, U. (1997): Burgen und Schlösser im Bayerischen Wald. Regensburg.

Pollmann, B. (2000): Bayerischer Wald und Böhmerwald. München.

Priehäußer, G. (1965): Bayerischer und Oberpfälzer Wald. Essen.

Ritscher, B. (1986): Schloßgeschichte Zandt. Vom Hofmarkssitz zum BRK Alten- und Pflegeheim. Kallmünz.

Sauer, H. (2000): Regen – die Pichelsteinerstadt. Erfurt.

Schmetzer, A. (1925): Die Steinerne Donaubrücke. Ostbaierische Grenzmarken, 14, 312–317. Passau

Sieghardt, A. (1962): Bayerischer Wald. Nürnberg.

Stangl, M. (2004): Wörterböijchl Oberpfälzisch-Deutsch. Weiden.

Stifter, A. (1841): Der Hochwald (Nachdruck 1993).Grafenau.

Thorward, F. (1980): Mein wildes Waldgebirge. Erlebter Bayerischer Wald. Regensburg.

Werner, G. T. (1979): Burgen, Schlösser und Ruinen im Bayerischen Wald. Regensburg.

Zeitler, W. (1977): Der König des Bayerwaldes. Grafenau.

Zeitler, W. (1980): Eisenbahnen im Bayerischen Wald. Grafenau.

Zeitler, W. (1981): Im Herzen des Bayerwaldes. Grafenau.

Zeitler, W. (1982): Der Regen. Portrait eines Bayerwaldflusses. Grafenau.

Bisher von Franz X. Bogner erschienene Kultur- und Natur-Luftbildbände:

Im Tal der Schwarzen Laber. Regensburg, 1999

Im Tal von Vils und Lauterach. Regensburg, 2001

Das Urdonautal der Altmühl. Nürnberg, 2001

Das Tal der Uraltmühl. Nürnberg, 2003

Die Naab – Mit Waldnaab, Fichtelnaab und Haidenaab. Regensburg, 2004

Das Land des Neckars. Ostfildern, 2005

Der Obermain, ein Luftbildportrait von Bayreuth bis Bamberg. Bayreuth, 2006

Rednitz und Regnitz. Ein Luftbildportrait. Bamberg, 2007

Ortsregister

Die vorangestellten Ziffern verweisen auf die Lage der Orte in der Karte (hinten im Buch), die nachgestellten auf die Seitenzahlen.

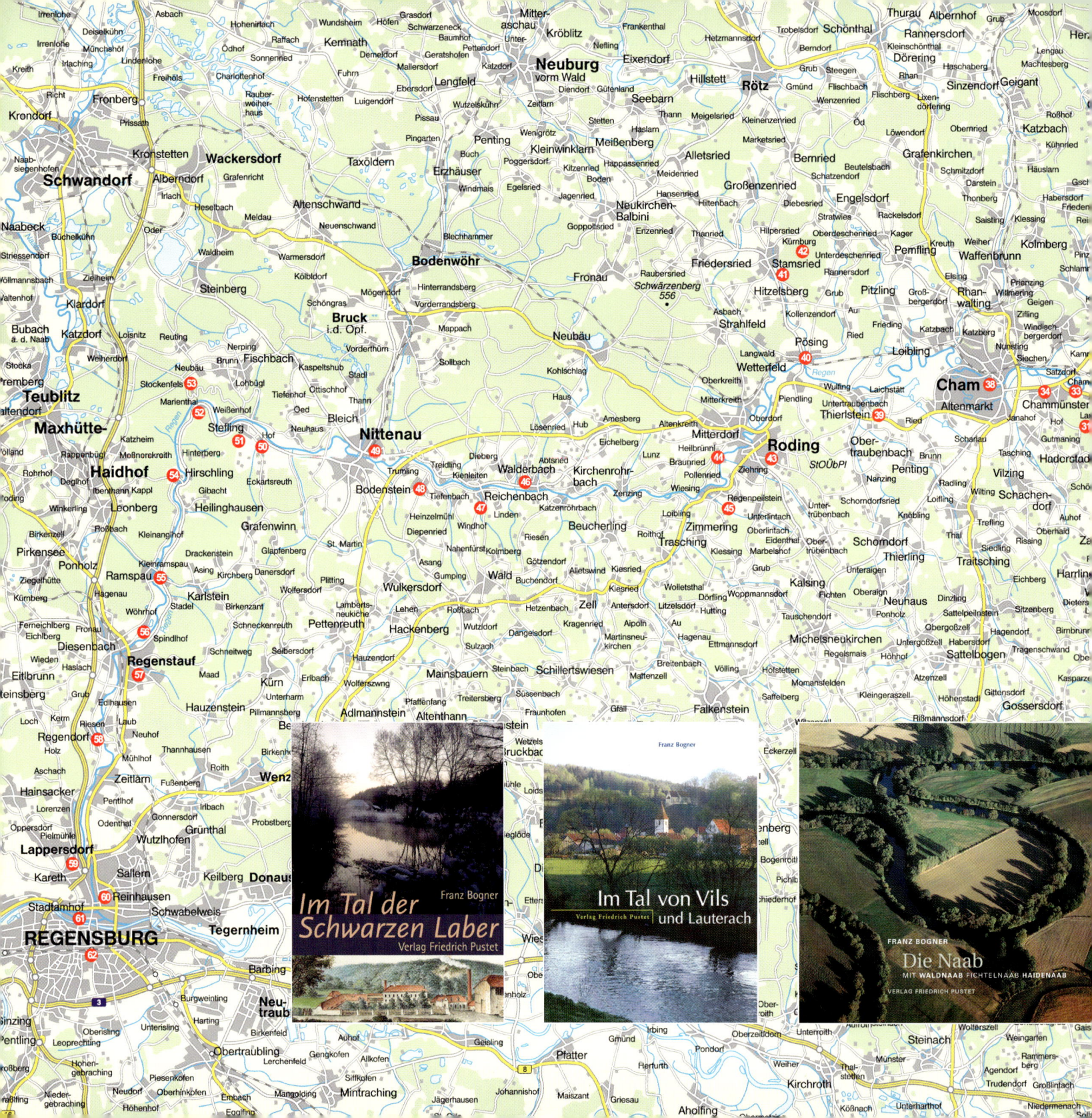

Im Tal der Schwarzen Laber

Franz Bogner

Verlag Friedrich Pustet

Franz Bogner

Im Tal von Vils
und Lauterach

Verlag Friedrich Pustet

Franz Bogner

Die Naab

MIT WALDNAAB FICHTELNAAB HAIDENAAB

VERLAG FRIEDRICH PUSTET